Theob Ziegler

**Lehrbuch der Logik**

Zweite Auflage

Theob Ziegler
**Lehrbuch der Logik**
*Zweite Auflage*

ISBN/EAN: 9783744673013

Hergestellt in Europa, USA, Kanada, Australien, Japan

Cover: Foto ©Andreas Hilbeck / pixelio.de

Weitere Bücher finden Sie auf **www.hansebooks.com**

# Lehrbuch der Logik

für den

## Unterricht an höheren Lehranstalten

und

zum Selbststudium.

---

Von

### Theobald Ziegler.

---

Zweite Auflage.

---

Bonn,
Verlag von Emil Strauß.
1881.

## Vorwort zur ersten Auflage.

Vorliegender Abriß der Logik verdankt seine Entstehung zunächst dem praktischen Bedürfnis. Seit mehreren Jahren habe ich an dem hiesigen Gymnasium den Unterricht in der Logik zu erteilen: dabei pflege ich meinen Schülern nach eingehender Besprechung des Stoffes jedesmal einen kurzen Paragraphen zu diktieren zur Zusammenfassung des Besprochenen. Bei der dem Fache der Logik ohnedies etwas spärlich zugemessenen Stundenzahl schien es mir nun Zeitersparnis, diese Paragraphen ein= für allemal drucken zu lassen. So ist das Buch aus der Schule heraus entstanden, und darum auch in erster Linie für die Schule bestimmt. Aber auch zum Selbststudium für solche, welche ein kurzes und handliches Lehrbuch der Logik wünschen, dürfte sich das Büchlein vielleicht eignen.

Über die Grundsätze, die ich befolgt habe, wird das Schriftchen selbst die beste Auskunft erteilen: ich gebe im allgemeinen die traditionelle Logik, verhalte mich aber zu ihr, wo immer möglich und notwendig, kritisch; und ich füge zu dieser — kurz gesagt — aristotelischen Logik die für die moderne Welt so wichtige Lehre von der Induktion in der ihr gebührenden Ausführlichkeit hinzu. Beispiele habe ich im allgemeinen nur wenige aufgenommen; solche zu suchen glaubte ich dem Schüler überlassen zu sollen, da er nur auf diesem Wege zum Verständnis der Logik gelangen kann. Und dann werden ja die Beispiele am besten hergenommen aus dem nächstliegenden, und das ist für jede Schule ein anderes. Überdies werden Musterbeispiele leicht entweder gesucht = geistreich sein, und das taugt nicht für die Schule, oder aber trivial, und davor wollte ich mich hüten. Nur wo zum Verständnis des in der Kürze Gesagten Beispiele unentbehrlich schienen, habe ich eines oder das andere gegeben. Ebenso habe ich die Veranschaulichung durch Kreise, gewiß für die Schullogik die richtigste Methode, möglichst beschränkt, auch hier es den Lehrern oder den Lernenden überlassend, nach den gegebenen Mustern alles Übrige selbst zu konstruieren.

Dem Bedenken, ob das Büchlein für den Standpunkt eines Gymnasiums nicht da und dort etwas zu hoch gehalten sei, einem Bedenken, welches mir z. B. hinsichtlich der Einleitung wohl selbst auch gekommen ist, begegne ich am besten durch die Versicherung, daß ich schon wiederholt mit gutem Erfolge die Logik in dieser Fassung in der Schule behandelt habe. Die Philosophie ist eben einmal kein Kinderspiel: will man sie mit achtzehnjährigen Leuten treiben, so muß man dieselben zwingen zu denken.

Worauf mein Lehrbuch Anspruch erheben will, das ist Korrektheit; worauf es keinen erhebt, ist Originalität. Ich schließe mich vielmehr in der Hauptsache, so vor allem gleich in der Anordnung des Stoffes an an die treffliche Logik von Ueberweg, natürlich nicht ohne mancherlei Abweichungen nicht blos in formeller, sondern auch in materieller Beziehung. In der Lehre von der Induktion folge ich dem in dieser Beziehung bahnbrechenden Werke von John Stuart Mill; und meine kritischen Bemerkungen entnehme ich vielfach der Logik Sigwart's, dessen anregenden Vorlesungen ich überhaupt das Verständnis und Interesse für logische Untersuchungen verdanke.

Wie sich meine Schullogik zu anderen Schriften mit ähnlicher Tendenz verhält, weiß ich nicht, da ich nur sehr wenige meiner Vorgänger kenne. Diese haben mir allerdings den Mut gegeben, mit meinem Versuche hervorzutreten.

Daß der Stil zuweilen der Kürze des Ausdrucks zulieb nicht leicht genug ist, wird jeder Sachverständige zu entschuldigen wissen. Immerhin war es mein Bestreben, die kurzen Paragraphen so flüssig zu machen, als es Paragraphen überhaupt sein können.

Winterthur, Dezember 1875.

Theobald Ziegler.

# Vorwort zur zweiten Auflage.

Der Hauptunterschied dieser zweiten von der ersten Auflage besteht darin, daß überall, wo eine Veranschaulichung durch Beispiele möglich und wünschenswert schien, solche eingereiht und angefügt wurden. Dazu habe ich mich trotz früherer Bedenken auf Grund einer Reihe von Recensionen schon im Jahre 1878 entschlossen und deshalb zu dem Lehrbuch einen Nachtrag „Logische Beispiele" erscheinen lassen, welcher jetzt in das Lehrbuch selbst hineinverarbeitet und dadurch natürlich als selbständig und für sich bestehend überflüssig geworden ist. Was ich in der Vorbemerkung zu diesem Nachtrag mit Beziehung auf die Auswahl der Beispiele gesagt habe, kann ich hier wiederholen: „Ob ich dabei im Bestreben, der Gefahr des Geistreichwerdens zu entrinnen, nicht da und dort trivial geworden bin, das zu entscheiden muß ich andern überlassen. Ich habe mich bestrebt, die Beispiele möglichst den einem Primaner zugänglichen oder naheliegenden Gebieten zu entnehmen und mich dabei auch nicht gescheut, zuweilen eines zu entlehnen, wenn es mir besonders passend schien."

Abgesehen von dieser Vermehrung des Inhalts habe ich auch sonst überall bessernde Hand angelegt, wo ich es für notwendig hielt, so daß das Büchlein zwar im großen und ganzen durchaus dasselbe geblieben, daß aber doch fast kein Paragraph völlig unverändert in die neue Auflage herübergenommen worden ist. Auch auf diese Änderungen habe ich wieder vielfach die inzwischen vollständig erschienene, wirklich epochemachende Logik von Sigwart einwirken lassen; den Einfluß der neuen Logik von Wundt (erster Band: Erkenntnislehre. Stuttgart 1880) wird man wenigstens an einer Stelle bemerken, und auch H. Taine's geistreiches Werk „Der Verstand" (Deutsche Ausgabe. Bonn 1880) habe ich in letzter Stunde noch benützen können. Dagegen glaube ich die mathematische Behandlung der Logik, wie sie gegenwärtig unter englischem Einfluß vielfach beliebt wird, nicht nur von einer Schullogik ausschließen zu sollen, sondern ich halte sie überhaupt vom logisch-philosophischen Standpunkt aus für wertlos, wo nicht geradezu für verfehlt und schädlich.

Baden-Baden, September 1880.

Professor **Theobald Ziegler**.

# Einleitung.

## § 1. Begriff und Einteilung der Philosophie.

Die Philosophie ist die Wissenschaft von den Prinzipien aller einzelnen Wissenschaften. Diese Prinzipien sind entweder die allgemeinen allem Seienden zu grunde liegenden, wie sie dargestellt werden in dem ersten Hauptteil der Philosophie, in der Metaphysik; oder sind es besondere nur für einzelne Sphären geltende. Solcher Sphären sind es im großen ganzen zwei: das Gebiet der Natur und das der sogenannten geistigen Erscheinungen. Daraus ergeben sich für den zweiten Hauptteil der Philosophie die beiden Unterarten der Natur- und der Geistesphilosophie. Das vermittelnde Band zwischen beiden bildet die Psychologie als die Lehre vom Wesen der menschlichen Seele zunächst nach ihrer natürlichen Beschaffenheit, dann aber auch nach ihrer Entwicklung zum Geiste; zugleich bildet diese Disziplin auch den Uebergang von der Naturwissenschaft zur Philosophie. Die Geistesphilosophie im engeren Sinne teilt sich nach den drei Ideen des Wahren, Guten und Schönen, welche den drei Vermögen oder besser Richtungen des Geisteslebens, dem Denken, Wollen und Fühlen, entsprechen, ein in die Logik, Ethik und Aesthetik, und stellt die Prinzipien und Gesetze des Denkens, Wollens und Fühlens dar. Zur Geistesphilosophie gehört endlich noch die Philosophie der Geschichte als die Wissenschaft von den Gesetzen der Entwicklung des ganzen Menschengeschlechts, und im Anschluß an sie die Religionsphilosophie, die sich auch mit der Metaphysik berührt.

*Anmerkung.* Die Philosophie ist wesentlich ein Produkt des indogermanischen Geistes. Die jonischen Naturphilosophen haben sie durch die Frage nach der Entstehung der Welt ins Leben gerufen; Sokrates hat den Menschen zum Gegenstand der philosophischen Spekulation gemacht; Plato und Aristoteles mit ihren umfassenden Systemen sind die Höhepunkte der alten griechischen Philosophie, während die Bedeutung der Stoiker und Epikureer wesentlich auf dem Gebiete der Ethik liegt. Im Neupythagoreismus und Neuplatonismus endigte die Philosophie der Griechen im Mysticismus, ihren Untergang aber fand sie erst durch den völligen Sieg des Christentums. Die neuere Philosophie, welche die kirchliche Scholastik des Mittelalters verdrängte, ist wesentlich ermöglicht worden durch die Reformation. Zwei Strömungen gehen hier von anfang an neben einander her: eine realistische, eingeleitet von dem Engländer Francis Bacon, gewöhnlich „von Verulam" genannt (1561—1626), und eine idealistische, deren Urheber der Franzose Cartesius (1596—1650) war. Jene ist hauptsächlich in England weiter verfolgt worden von Hobbes, Locke, Hume; diese hat ihre Hauptvertreter in Deutschland gefunden. Spinoza und Leibniz waren die nächsten Nachfolger des Cartesius. Fortgesetzt und zugleich ganz neu begründet wurde diese idealistische Philosophie durch Kant (1724—1804), in dessen Fußtapfen zuerst Fichte und in etwas anderer Weise Schelling und Hegel traten. Unserem Jahrhundert gehören weiter noch an Herbart und Schopenhauer.

## § 2. Entstehung der Philosophie im menschlichen Geiste.

Der denkende Mensch kommt im Laufe seines Lebens mit einer aus seiner Natur hervorgehenden Notwendigkeit dazu, den ihm durch fremde Autorität oder eigene Erfahrung überlieferten Wissensstoff zu sichten und zu prüfen. Dabei werden ihm unausbleiblich Zweifel an der Richtigkeit desselben aufsteigen, die in der Regel beim Un- und Übersinnlichen anfangen, sich aber bei weiterem Nachdenken über alles blos von außen her Ueberlieferte und Aufgenommene verbreiten und dafür zunächst um so entschiedener sich fern halten vom sinnlich Wahrnehmbaren als dem absolut Gewissen. Allein mit der Zeit muß auch dieses davon ergriffen werden. Im gesunden Leben die Träume und Sinnestäuschungen, im krankhaften Zustand die Hallucinationen und Visionen lassen auch an der Objektivität des sinnlich Wahrgenommenen zweifeln, und die Naturwissenschaften selber, welche z. B. Schall, Licht, Wärme für Bewegung erklären, vermehren die Bedenken gegen die Übereinstimmung dessen, was von unseren Sinnen wahrgenommen wird, mit dem, was draußen in der Welt geschieht. Trotz diesem Umsichgreifen des Zweifels aber, der natürlich nur ein theoretischer, kein praktischer ist, bleibt Eine Thatsache fest, nämlich eben das Bewußtsein, daß ich zweifle, daß ich denke, und damit das Bewußtsein meines Seins: cogito ergo sum. Mit diesem Satz ist der Anfang des eigentlichen Philosophierens im menschlichen Geiste gegeben, wie er denn auch durch Cartesius das Fundament der neueren Philosophie geworden ist.

### § 3. Verschiedene philosophische Standpunkte.

Von dem gegebenen Punkte des cogito ergo sum aus lassen sich drei Arten weiter zu gehen denken. Auf die Frage nämlich, welche sich hier erhebt, ob das, was in unserem Ich sich vorfindet, welches uns ja zunächst allein feststeht, uns von außen her zugeführt werde, oder durchaus unser Eigentum und unsere eigene That sei, antwortet 1. der Skepticismus mit einem absoluten Nichtwissen, auf das er sich zurückzieht. 2. Dagegen verneint der Idealismus (das Wort hier in seiner theoretischen Bedeutung genommen), wie er konsequent von Fichte ausgebildet worden ist, jene erste Frage und erklärt alles, was uns zum Bewußtsein kommt, für Vorstellungen und Produkte dieses unseres eigenen Bewußtseins. Wenn nun der Skepticismus das denkende Subjekt unbefriedigt lassen muß, so hat der Idealismus allerdings den großen Vorzug, daß er, sofern er alles im Ich selber findet, jedenfalls ein großes Gebiet umspannt und begreift, und daß er in den Formen, Ideen und Idealen, von denen der Mensch in seinem Denken nicht abstrahieren kann, wirklich die Höhepunkte des menschlichen Geisteslebens erfaßt. Allein eben das ist einseitig, daß er immer nur in diesem reinen Lichte der Form und der Idee wandelt und das Auge verschließt gegen die Schatten, welche dasselbe trüben. Mögen immerhin Raum und Zeit subjektive Formen der menschlichen Anschauung, das Kausalitätsgesetz eine Norm der menschlichen Erkenntnis selber, ja sollten selbst die Ideale des Guten, Schönen und Wahren dem menschlichen Wollen, Fühlen und Denken mehr oder weniger immanent sein: woher kommt es aber dann, so müssen wir fragen, daß z. B. in der Außenwelt kein Raumgebilde je der vollkommenen Vorstellung davon absolut entspricht, oder daß die sittlichen Ideale unerreichbar bleiben? Und die einzig mögliche Antwort auf die Frage nach der Entstehung dieser Trübungen ist eben die Annahme einer Außenwelt, die das Subjekt affiziert und das, was in ihm ist, ändert und stört, die Annahme einer Menge von Ichen zunächst, die das einzelne Ich zum endlichen erniedrigt. Freilich ist diese Annahme streng genommen Sache des Glaubens, und die Einsicht, daß die Philosophie gleich bei ihrem ersten Schritt, weil sie nicht wissen und beweisen kann, sich mit dem Glauben begnügen muß, hat etwas Demütigendes. Allein der Umstand, daß diese Hypothese so gut fundirt ist als nur eine, und daß die Probe, die ihre Folgerungen sich gefallen lassen müssen, zu ihrem Vorteil ausfällt, daß sie also eine echt wissenschaftliche ist, kann uns darüber beruhigen. Auf dieser Hypothese baut sich dann 3. der sogenannte Kriticismus auf, wie ihn Kant begründet hat, d. h. diejenige philosophische Richtung, welche sich bei der Annahme der Existenz einer Außenwelt doch bewußt bleibt, a) daß uns diese Außenwelt nur bekannt wird nach ihrer Einwirkung auf uns, d. h. als Erscheinungswelt, und daß daher auf die „Dinge an sich" höchstens Schlüsse möglich sind, daß wir dieselben aber nie wirklich kennen; und b) daß von den Erscheinungen immer ein Teil auf Rechnung des erkennenden Subjektes zu setzen ist. Und eben von diesem ihrem Geschäft, zu sichten zwischen subjektiven Elementen und Zuthaten des Ich einerseits und den Wirkungen und Effekten der Dinge an sich andererseits hat diese Richtung den Namen des Kriticismus erhalten. 4. Ein vierter philosophischer Standpunkt, der sogenannte Dogmatismus, der ohne weitere Prüfung die Übereinstimmung zwischen Ich und Ding an sich, zwischen dem subjektiven Erkennen und dem objektiven Sein voraussetzt, ist auf dem von uns in § 2 eingeschlagenen Wege nicht möglich und ist überhaupt seit Kant und den Fortschritten der Naturwissenschaft als ein unphilosophischer und unwissenschaftlicher nicht mehr eingenommen worden.

## § 4. Die Aufgabe der Logik auf dem Standpunkt des philosophischen Kriticismus.

Während die Logik im Dienste des Skepticismus rein formal ist, d. h. nur die Regeln eines an sich fehlerlosen Denkens aufstellt und von dem Verhältnis des Denkens zum Sein gänzlich absieht, sich also mit der formalen Richtigkeit begnügt, verfällt umgekehrt die Logik im Dienste des Idealismus leicht in das andere Extrem, die Gesetze des Denkens schlechthin zu identifizieren mit den Gesetzen des Seins, weil dieses hier ja vollständig aufgeht im Denken: Logik und Metaphysik werden hier zusammenfallen, an die Stelle bloß formaler Regeln zum Zweck eines fehlerlosen Denkens soll hier eine Gesetzgebung für die Wirklichkeit selbst treten. Mit der rein formalen Auffassung der Logik ist nun zunächst der Kriticismus insoweit einverstanden, als er zugibt, daß dieselbe für jedes Denken, also auch abgesehen von irgendwelcher Beziehung zum Sein, die Gesetze und Regeln darzustellen habe. Andererseits aber gibt er dem Idealismus darin Recht, daß Denken und Sein, wenigstens soweit dieses letztere als Erscheinung dem menschlichen Subjekt sich offenbart, in enger Beziehung zu einander stehen, und wie das Sein ohne ein es durchdringendes Denken für uns gar nicht existirt, so auch ein absolut leeres Denken, das sich auf kein Sein richtet, vermöge unserer dem Sein angepaßten Organisation etwas völlig wertloses, wenn nicht geradezu unmögliches sei. Das Ziel einer solchen Logik, das Ideal alles Denkens auf diesem Standpunkt wird die Wahrheit sein. Da aber die Wahrheit für den Kriticismus vor allem darin besteht, über das Verhältnis zwischen dem, was das Subjekt, und dem, was das Objekt beim Erkennen leistet, sich klar zu werden, so folgt daraus, daß eine kriticistische Logik nicht eine rein formale sein kann, sondern bei den Regeln, die sie für das Denken aufstellt, sich stets — zwar nicht der Identität, wohl aber des engsten Zusammenhangs zwischen Denken und Sein bewußt bleiben und auf das Verhältnis beider überall Rücksicht nehmen wird. Wenn wir somit die Logik definieren als die wissenschaftliche Aufstellung der Gesetze und Regeln des menschlichen Erkennens, so müssen wir dabei dessen eingedenk bleiben, daß das Ziel alles Erkennens die Wahrheit, sein Objekt die Wirklichkeit oder das Seiende ist.

## § 5. Entstehung der Logik als Wissenschaft.

Auf die Frage nach der Entstehung der Logik als Wissenschaft gibt uns zunächst eine ausführliche Geschichte der Logik Aufschluß. Da diese aber nur in und mit der Geschichte der gesamten Philosophie dargestellt und verstanden werden kann, so müssen wir hier auf eine solche verzichten. Nur die Notiz möge hier ihre Stelle finden, daß Aristoteles (384—322 v. Chr.) mit Recht der Schöpfer und Vater einer wissenschaftlichen Behandlung der Logik genannt wird.

Fragen wir dagegen nach der subjektiven Entstehung der Logik im menschlichen Geiste, so ist die Schwierigkeit, welche sich daraus ergibt, daß die logischen Gesetze aus der Beobachtung des natürlichen, noch nicht unter die Zucht jener Gesetze genommenen Denkens eben wieder mit Hilfe dieses undisziplinierten Denkens gewonnen werden müssen und daher keine Garantie ihrer Richtigkeit bieten, eine nur scheinbare. Denn schon das natürliche ungezügelte Denken steht unbewußt unter jenen Gesetzen, die dem menschlichen Geiste immanent sind, und die Logik als Wissenschaft hat somit nur herauszustellen und klar zu machen, was an sich schon vorhanden ist. Und daß die gefundenen Gesetze nicht bloß individuelle, sondern notwendige und allgemein giltige Gesetze sind, dafür bürgt die Anerkennung und Übereinstimmung aller, deren Denken nicht zufällig ein krankhaftes ist. Der Weg, auf dem man zu diesen Gesetzen kommt, ist also der der Selbstbeobachtung einerseits und der Beobachtung der Sprache anderer= seits, in welcher ja das Denken vieler, das Denken der ganzen Menschheit seinen Ausdruck findet. Die Gesetze, welche die Logik auf diesem Wege findet, hat sie dann zu prüfen durch beständige Anwendung und Exemplifikation, d. h. sie muß experimentieren, soweit dies hier möglich ist. Erst wenn so die Gesetze kritisch gereinigt, sicher gestellt und verallgemeinert sind, kann dieselbe als Kunstlehre gesetzgeberisch und normativ dem einzelnen Denken sowohl als dem Denken der Menschheit, d. h. der Sprache gegen= über und zur Seite treten, und wie die Ethik für das Handeln, so ihrerseits für das Denken und Sprechen Vorschriften und Regeln aufstellen zur Erreichung ihres Zieles, des Ideales der Wahrheit.

## § 6. Berechtigung und Wert der Logik als propädeutischer Wissenschaft.

Die Logik schließt sich, wie wir oben (§ 1) gesehen haben, als eine der drei Geisteswissenschaften im System der Philosophie neben Ethik und Aesthetik unmittelbar an die Psychologie an, setzt also eigentlich diese und zum Teil auch die Metaphysik schon voraus. Gleichwohl ist man nicht nur berechtigt, sondern geradezu genötigt, sie im Unterricht den übrigen philosophischen Disciplinen vorangehen zu lassen, weil sie eben als Kanon für das richtige Denken der Philosophie überhaupt die Gesetze vorzuschreiben hat, nach denen dieselbe verfahren muß, und diese dadurch vor einer Reihe von Irrtümern zu bewahren im stande ist. Überdies hat sie beim Übergang vom mathematischen zum reinen Denken in dem mathematischen Unterricht einen naturgemäßen Anknüpfungspunkt, und endlich berührt sie sich in unserem Sinn aufgefaßt mit dem ersten Teil der Metaphysik, der sogenannten Erkenntnistheorie ganz nahe. Die einzige Schwierigkeit, die sich erheben könnte, der Mangel einer psychologischen Grundlage[1]), kann dadurch beseitigt werden, daß man gewisse psychologische Grundbegriffe und Grundgesetze in dieselbe hinein verflicht. Der Wert und Nutzen dieser propädeutischen Behandlung aber liegt darin, daß sie eine Gymnastik des Denkens überhaupt ist und dasselbe zwingt, in allen wissenschaftlichen und praktischen Fragen unter gänzlicher Entfernung alles Phantastischen zu halten auf Bestimmtheit der Begriffe und auf einen konsequenten methodischen Gang. Und eben deshalb ist sie nicht nur für den Philosophen, sondern für jeden gebildeten Menschen ein unschätzbares Hilfs- und Erleichterungsmittel des Denkens.

---

1) Vielfach wird demselben dadurch abgeholfen, daß man an Gymnasien der Logik einen Kursus in der Psychologie voranschickt.

## § 7. Einteilung der Logik.

Wenn wir von der Einteilung der Logik in eine reine und angewandte, allgemeine und besondere als einer bestrittenen und zugleich überflüssigen absehen, so gliedert sich uns die Logik in zwei Hauptabschnitte von ganz verschiedenem Umfang. Der erste Teil behandelt das menschliche Erkennen wesentlich (nicht ausschließlich) nach seiner receptiven Seite als bloßes Wahrnehmen; der zweite Teil dagegen betrachtet das mehr spontane Verhalten des menschlichen Geistes, das Denken im engern Sinn oder die Verarbeitung des Wahrgenommenen von der untersten Stufe der Einzelvorstellung durch die Begriffs- und Urteilsbildung hindurch bis zur Arbeit des Schließens und Systembildens. Die sogenannte Methodenlehre, welche als die Lehre von der Anwendung der logischen Gebilde und Gesetze gewöhnlich nur anhangsweise abgehandelt wird, während sie eigentlich das letzte Ziel der gesamten Logik als einer Kunstlehre des Denkens ist, muß sich in den verschiedenen Unterabteilungen des zweiten Hauptteils unterbringen lassen, im engsten Zusammenhang mit der Besprechung des Wesens der einzelnen Funktionen des Denkens und der daraus abgeleiteten Gesetze seines normalen Verlaufes.

So bekommen wir folgendes Schema:

I. Lehre von der Receptivität des erkennenden Geistes oder von der Wahrnehmung.

II. Lehre von der Spontaneität oder vom Denken:
  1. Lehre von der Vorstellung.
  2. Lehre von der Begriffsbildung.
  3. Lehre vom Urteil.
  4. Lehre vom Schluß.
  5. Lehre vom System.

# I. Lehre von der Receptivität des erkennenden Geistes oder von der Wahrnehmung.

## § 8. Die psychologischen Funktionen des Wahrnehmens.

Rein receptiv verhält sich der Mensch als empfindendes Wesen; denn in der Empfindung kommt ihm zunächst nur die momentane Erregung eines Sinnesnerven zum Bewußtsein. Aus der völligen Passivität geht der Mensch damit heraus, daß er solche empfundenen Reize festhält, auch nachdem sie verschwunden sind, eine Erinnerung an sie längere Zeit bewahrt. Auf der Kombination der Empfindung und der Erinnerung beruht im Falle der Wiederkehr gleichartiger Reize und Eindrücke die Wiedererkennung, und erst durch das Hinzukommen der Erinnerung und Wiedererkennung zu den momentanen Empfindungen ist das Bewußtsein einer Außenwelt, erst durch die Kombination verschiedener stets verbundener Empfindungen in der Erinnerung ist das Bewußtsein einzelner Objekte psychologisch möglich. Und eben die Beziehung und Übertragung einer solchen schon wiederholt in ähnlicher Weise dagewesenen Empfindungskomplikation auf ein Objekt außer uns mit Hilfe der Erinnerung und Wiedererkennung nennen wir Wahrnehmung. Da aber die Objekte nicht nur äußerliche, sondern auch in uns liegende, d. h. unsere eigenen inneren psychischen Zustände sein können, so unterscheiden wir eine äußere und eine innere Wahrnehmung, deren Organe die äußeren Sinne auf der einen, der sogenannte innere Sinn oder das Selbstbewußtsein auf der anderen Seite sind. Nur durch Kombination der Wahrnehmung der äußeren Sinne mit denen des inneren Sinns, durch Unterscheidung des Ich und Nicht-Ich wird im Individuum das Bewußtsein der Außenwelt, der Dinge mit vielen Eigenschaften wirklich.

## § 9. Die äußere Wahrnehmung nach ihrer Bedeutung für die Logik.

In der äußeren Wahrnehmung ist der Mensch zunächst rein receptiv und unfrei: er hängt ab von seiner Empfindung, seiner Sinnlichkeit, die ihm Eindrücke äußerer Objekte zuführt und dieselben, wenngleich schon mehr oder weniger modifiziert, nachbildet. Dagegen ist etwas dabei stets Zuthat unseres eigenen Ich: die Einreihung aller Objekte in einen Raum. Nach Kant beweist diese Thatsache als eine durchaus allgemeine und notwendige, verbunden mit der Thatsache der Geometrie als der unabhängig von aller Erfahrung bestehenden Wissenschaft des Raumes, deren Sätze absolute Giltigkeit haben, daß der Raum eine Schöpfung des Subjekts ist, eine notwendige Form seiner Anschauung, in welche es allen Wahrnehmungsinhalt zu kleiden hat. Daß aber auf der andern Seite der Raum doch nicht ganz ohne alle reale Beziehung zum Sein ist, geht unter anderem daraus hervor, daß wir dem einzelnen Seienden gegenüber nicht rein willkürlich mit unseren Raumvorstellungen verfahren dürfen, daß Gestalt, Größe u. dgl. nicht absolut subjektiv sind. Dies führt auf die Annahme gewisser Lokalzeichen, welche uns die Dinge von außen zuschicken, die uns also als Zeichen empirisch gegeben sind, als Lokalzeichen aber rein subjektiv unserer menschlichen Organisation gemäß von uns räumlich gedeutet werden.

## § 10. Die innere Wahrnehmung.

Wie für die Außenwelt der Raum, so ist für die Innenwelt die Zeit die Form der Anschauung; denn die Erinnerung ist ja nichts anderes als das Bewußtsein der Zeitlichkeit unserer Empfindungen. Auch hier erweist die Notwendigkeit dieser Vorstellung und die absolute Giltigkeit der darauf gebauten Gesetze in der Wissenschaft der Zahlen dieselbe als eine rein subjektive That des Ich. Dagegen ist die Übertragung dieser rein innerlichen Form auf ein zeitliches Geschehen außer uns zunächst nur Sache des denkenden Subjekts, und es ist keinerlei Nötigung vorhanden, ein reales Verhältnis der Außenwelt zur Zeit anzunehmen, d. h. zu glauben, daß die Zeit den Dingen anhafte¹). Andererseits aber wird durch die Anwendung der Zeitvorstellung auf unsere inneren Zustände an denselben nichts verändert; denn für dieses innere Geschehen muß diese Form als Produkt desselben Subjektes eine durchaus angemessene sein, und wir haben lediglich keinen Grund, an der abäquaten Auffassung unserer inneren Zustände durch das Selbstbewußtsein zu zweifeln.

### § 11. Gesetze der Wahrnehmung.

Aus dem Gesagten ergeben sich folgende in der Natur des Wahrnehmens selbst liegende Gesetze:

1. Die äußere Wahrnehmung ist, soweit sie als sinnliche Empfindung durch die Außendinge gegeben ist, ohne alle Gewähr der Übereinstimmung zwischen der Erscheinung und dem Ding an sich; eine Beziehung zwischen beiden anzunehmen ist jedoch eine Denknotwendigkeit. Und ebenso besteht nur eine Beziehung, keine Übereinstimmung zwischen der zunächst nur subjektiven Form dieser Wahrnehmung, dem Raum, und den Dingen selbst, oder zwischen den Lokalzeichen und ihrer Deutung.

2. Die innere Wahrnehmung trägt die Gewähr der Übereinstimmung in sich selber; auch das Hinzukommen der Zeitform ändert daran nichts.

3. Aus diesen beiden Gesetzen zusammen ergibt sich das Gesetz der Analogie: je analoger eine äußere Wahrnehmung unserer inneren Wahrnehmung ist, desto sicherer darf auf die Richtigkeit dieser unserer äußeren Wahrnehmung geschlossen werden, und umgekehrt: je weiter eine äußere Wahrnehmung von der inneren entfernt ist, je mehr sie also depotenziert oder idealisiert werden muß, um uns nahe gebracht zu werden, desto fremder und verschlossener bleibt uns dieser äußerlich wahrgenommene Gegenstand. Speziellere Regeln aber für die Beurteilung dieses Abstandes lassen sich nicht aufstellen. Vor allem wird es dabei

---

1) Der Zusammenhang zwischen dieser Anschauungsform der Zeit und der Kausalität, und die Frage, ob derselbe uns nicht zwinge, anzunehmen, daß die Zeit doch irgendwie den Dingen anhafte, kann hier nicht näher erörtert werden.

auf den allgemeinen Bildungsgrad des wahrnehmenden Subjekts ankommen. Kinder z. B. und Wilde suchen vermöge dieser Analogie alles möglichst menschenähnlich zu gestalten; aber auch der höchstgebildete Mensch kann sich nie ganz frei machen von diesem Anthropomorphismus, der selbst noch der Unterscheidung von Kraft und Stoff anhaftet.

### § 12. Fehler der Wahrnehmung.

Fehler der Wahrnehmung sind:

1. Vorschnelle Beziehung einer Empfindungskomplikation auf Gegenstände außer uns, oder kurz ausgedrückt: Verwechslung von Empfindung und Wahrnehmung (Visionen, Hallucinationen).

2. Naiver Glaube an die absolute Übereinstimmung zwischen Erscheinung und Ding an sich.

3. Verkennung des Gesetzes der Analogie.

4. Einmischung der Phantasie in die Wahrnehmung.

Der erste dieser Fehler hängt meist zusammen mit einer krankhaften Organisation unseres Körpers, speziell des Nervensystems; alle vier aber sind streng genommen Schlußfehler. Allein wie das unbewußte Schließen, auf dem alle unsere Wahrnehmungen beruhen, im Sprachgebrauch unberücksichtigt bleibt, so dürfen wir auch diese falschen Urteile über Empfundenes und Wahrgenommenes unbedenklich als „Fehler der Wahrnehmung" selbst bezeichnen.

## II. Lehre von der Spontaneität des erkennenden Geistes oder vom Denken.

### A. Lehre von der Vorstellung.

#### § 13. Wesen der Vorstellung.

Die Erfahrungsthatsache, daß gewisse Reihen von einzelnen Wahrnehmungsakten stets beisammen sind, läßt uns einerseits schließen, daß auch ihre Ursachen in der Außenwelt einem und demselben Gegenstand angehören, und nötigt uns andererseits, diese Reihen auch in unserem Geiste stets zusammen zu reproduzieren. Das Resultat einer solchen Reproduktion, welche vor sich geht, ohne daß die entsprechende Empfindungskomplikation selbst vorhanden ist oder, nach gewöhnlichem Sprachgebrauch, ohne daß wir das Objekt vor uns haben, ist die Vorstellung, d. h. das Bild eines Dinges mit vielen Eigenschaften. Die Fähigkeit, solche Bilder zu produzieren (was aber immer nur eine Reproduktion ist), heißt Einbildungskraft oder Phantasie, und die Art, wie diese thätig ist und die Bilder nach einander hervorruft, ist die zwar nicht regellose und vor allem nicht willkürliche, aber doch auch nicht streng gesetzmäßige, wesentlich von Stimmungen abhängige Ideenassociation, die freilich richtiger Vorstellungs- oder Bilderassociation genannt würde. An diese Thätigkeit des Vorstellens schließt sich das Sprechen an; doch bildet dieses schon den Übergang von der Einzelvorstellung zur Gesamtvorstellung, welche eine Reihe von Einzelvorstellungen und -bildern abkürzender Weise in einem Gesamtbild vereinigt, indem es diesen Prozeß ebenso fördert und erleichtert, wie es selber wieder von ihm begünstigt wird.

Anmerkung 1. Die Ideenassociation erfolgt 1) nach dem Gesetze der Ähnlichkeit oder des Contrastes. So fällt mir beim grünen Wald

die grüne Wiese, bei einem großen hageren Menschen eine Hopfen=
stange ein; beim Himmel denke ich an die Hölle, beim Riesen an
den Zwerg, bei einer Zentnerlast an die leichte Feder; 2) nach zu=
fälliger, zeitlicher oder lokaler, Zusammengehörigkeit. Vom Tode
Kimons im Jahre 449 komme ich auf den in dasselbe Jahr fallen=
den Sturz der römischen Decemvirn; der Anblick des heimatlichen
Kirchturms erinnert mich an ein Spiel, das ich als Knabe an seinem
Fuße gespielt habe.

**Anmerkung 2.** Die Sprache ist kein reines Naturprodukt (φύσει),
noch weniger aber eine Erfindung menschlicher Kunst (θέσει); sondern
hervorgegangen aus dem Trieb des Menschen, das Wahrgenommene
und Vorgestellte durch Laute zu begleiten, ist sie, wie die Entwick=
lung der Sprachen zeigt, die wir ja allein beobachten und aus der
wir auf ihre Entstehung zurückschließen können, in erster Linie ab=
hängig von unabänderlichen Naturgesetzen, wie das bekannte Gesetz
der Lautverschiebung zeigt, wonach — wenigstens im Anlaut —
aus griechischer Media   gotische Tenuis, mittelhochdeutsche Aspirata,
   δέκα             taihun            zehen
aus griechischer Tenuis gotische Aspirata, mittelhochdeutsche Media,
   τείνω            thanjan           denen (dehnen)
aus griechischer Aspirata gotische Media, mittelhochdeutsche Tenuis
   θύρα             daur              tür
entsteht. Andererseits ist sie aber doch der Willkür einzelner nicht
ganz entzogen: man denke an die Thätigkeit der französischen Aka=
demie oder noch besser an gewisse Launen wilder Völker, wie sich
z. B. die Bewohner von Tahiti des Gebrauches solcher Wörter ent=
halten, welche den Namen ihres Königs im ganzen oder zum Teil
in sich enthalten. So ist die Auswahl der anfänglich wohl in un=
gezählter Menge entstandenen Wurzeln im allgemeinen eine un=
bewußt nach Gründen der Zweckmäßigkeit resp. Bequemlichkeit vor-
genommene, wobei aber individuelle Freiheit und Laune eine größere
oder kleinere Rolle spielte, und die Sprache als geschichtliches Pro=
dukt demgemäß ein Erzeugnis der menschlichen Natur und der
gesamten Menschheit auf der einen, und eine That des menschlichen
Willens und einzelner Individuen auf der andern Seite. Und eben
wegen dieses individuellen Elements, das bei aller Gemeinsamkeit
der Sprache doch immer noch übrig bleibt, ist auch das Verstehen
derselben bei allen Vorzügen dieses Kommunikationsmittels der
Menschen unter einander nie ein absolut vollkommenes. — Indem
wir die Wurzeln aus dem Trieb des Menschen ableiten, Vorgänge
in der Außenwelt mit Lauten zu begleiten, vermeiden wir sowohl
die onomatopoetische als die interjektionale Theorie, von denen die
erstere in den Wurzeln Nachahmungen von Naturlauten sieht (cfr.

Wörter wie Kukuk; rasseln; knarren), die zweite sie für Interjektionen erklärt (cfr. das griechische ἄχος, das deutsche ächzen), die aber beide in ihrer Ausschließlichkeit nur den kleinsten Theil der vorhandenen Worte erklären.

### § 14. Verhältnis des Vorstellens zum Sein. Kategorieen.

Der Einzelvorstellung entspricht in der Außenwelt die Einzelexistenz oder das Individuum. Sprachlich wird dasselbe zunächst bezeichnet durch das nomen proprium; aber wie die Einzelvorstellung alsbald sich erweitert zur Gesamtvorstellung, so bezeichnet auch die Sprache eine Summe von ähnlichen Dingen mit Einem Namen: das nomen proprium wird zum nomen appellativum. Dieses ist aber nicht bloßer Name für eine Summe oder Klasse von Dingen, sondern enthält zugleich die Mitbezeichnung der diesen Dingen gemeinsam anhaftenden Eigenschaften. Diese Eigenschaften lassen sich aber auch von den Objekten ablösen und isoliert vorstellen — abstrakte Nomina und Adjektiva —, und endlich können wir uns auch Beziehungen von Objekten, Thätigkeiten u. dgl. vorstellen. Allein weil der Geist hier das Seiende nachbildet, so läßt sich eine vollständige Kategorieentafel, die mehr als grammatikalischen Wert haben soll, nicht aufstellen, da ja der denkende Geist die Welt des Seienden nie ganz umspannen kann.

**Anmerkung.** Κατηγορίαι oder τὰ γένη τῶν κατηγοριῶν nennt Aristoteles die möglichen Prädikate zu dem vorausgesetzten Subjekt τοῦτο τὸ ὄν. Solcher Prädikate sind es nach ihm zehnerlei: 1. eine Substanz, 2. eine Quantität, 3. eine Qualität, 4. eine Relation, 5. ein Wo, 6. ein Wann, 7. ein Liegen, 8. ein sich Verhalten, 9. ein Thun, 10. ein Leiden. Das Unlogische dieser Klassifikation, die sich unschwer auf die vier Kategorieen: Dinge, Eigenschaften, Thätigkeiten und Relationen reduzieren läßt, liegt auf der Hand. Aber auch die verbesserten Kategorieentafeln Späterer befriedigen nicht ganz. Verschieden von einer solchen Aufzählung der obersten Gattungen des Vorgestellten sind die Kant'schen Kategorieen der Quantität (Einheit, Vielheit, Allheit), der Qualität (Realität, Negation, Limitation), der Relation (Inhärenz, Kausalität, Wechselwirkung) und der Modalität (Möglichkeit, Dasein, Notwendigkeit); sie sind in der Lehre vom Urteil maßgebend.

## § 15. Logische Gesetze des Vorstellens.

1. Die Vorstellung muß klar sein, d. h. scharf und stark genug, um das Bild dieser Einzelexistenz von allen andern unterscheiden zu lassen. Dies wird um so mehr der Fall sein, je näher dieselbe unserer menschlichen Individualität steht; um so weniger, je tiefer sie unter uns steht und sich daher nicht absondern läßt von ihrer Umgebung. In diesem Falle hat die Vorstellung etwas Verschwommenes.

2. Die Vorstellung muß deutlich sein, d. h. ihre einzelnen Teile müssen klar genug sein, um auch unter einander gehörig unterschieden werden zu können.

Die einzelnen Elemente eines vorgestellten Objekts sind dessen Merkmale, die Vorstellung eines solchen Merkmals heißt Teilvorstellung. Die Gesamtheit dieser letzteren bildet den Inhalt der Vorstellung; der logische Prozeß der Zerlegung dieses Inhalts oder der Zergliederung eines Objekts in seine Merkmale heißt Partition.

*Anmerkung.* Diese beiden Gesetze mit ihrer freilich etwas willkürlichen Unterscheidung von „klar" und „deutlich" stammen von Leibniz her. Beides in eins zusammenfassend könnte man sagen: die Vorstellung muß anschaulich sein.

## B. Lehre vom Begriff.

### § 16. Entstehung des Begriffs.

Indem uns an einer Reihe von Einzelvorstellungen das Ähnliche als vorherrschend in die Augen fällt, so vergessen wir darüber die Unähnlichkeit, und fassen jene vielen Einzelvorstellungen zusammen in die Einheit der Gesamtvorstellung, die somit entsteht durch Abstraktion von allem Ungleichartigen und Reflexion auf das Identische. So bildet sich die Gesamtvorstellung „Mensch" durch Abstraktion von allen den verschiedenen Merkmalen, die der Kaukasier im Unterschied vom Mongolen oder Neger hat, und durch Reflexion auf die allen ohne Unterschied gemeinsame Figuration des Körpers, den aufrechten Gang und die Sprachbegabung. Zum Begriff aber wird die Gesamtvorstellung erst dadurch erhoben, daß sie mit Bewußtsein sowohl abstrahiert als reflektiert, d. h. abstrahiert von allen unwesentlichen Merkmalen und auf die wesentlichen reflektiert, und die Zusammenfassung nach der Übereinstimmung dieser letzteren vornimmt. Der Begriff ist also im Grunde nichts anderes als eine wissenschaftliche, logisch gebildete Gesammtvorstellung. Im konkreten Denken wird der Begriff repräsentiert einerseits durch das bezeichnende Wort anbererseits durch eine unbestimmte Einzelvorstellung, bei deren Reproduktion wir uns aber bewußt bleiben, daß wir dabei von allen ihr anhaftenden unwesentlichen Besonderheiten abzusehen haben.

### § 17. Verhältnis des Begriffs zum Sein.

Dem Begriff als einem Gebilde des Denkens entspricht auf dem Gebiete des Seins das Wesen. Die Begriffe sind also keine rein subjektiven, willkürlichen Gebilde des menschlichen Denkens, lediglich zum Zwecke bloßer Abkürzung und Erleichterung des Denkgeschäftes; andererseits entspricht ihnen aber auch nicht etwas von den Einzeldingen unabhängig Existierendes, sondern sie geben das den Dingen immanente Wesen, d. h. die Kraft, welche den Grund des Seins, und das Formprinzip, welches den Grund des Soseins oder der Form der Dinge ausmacht. Hinter dieses Wesen zu kommen, ist eben die Aufgabe aller Wissenschaften: soweit diese noch nicht vollendet sind, sind auch die Begriffe noch unvollkommene, provisorische, und das werden sie immer umsomehr bleiben, je weiter dieses Wesen jedesmal absteht von unserem eigenen Wesen (Gesetz der Analogie).

Anmerkung 1. Vollkommene und vollendete Begriffe sind nur die mathematischen, die ihre Objekte selbst schaffen — konstruierende Begriffsbildung —, und sich eben darum auch mit denselben vollständig decken; der Grund hierfür liegt in dem § 9 und 10 Gesagten. Ihnen zunächst stehen die Zweckbegriffe, die dem Sein vorangehen und es bestimmen; da sich aber ihre Ausführung immer teilweise unserem Willen entzieht, so bleibt das Sein stets hinter dem vorschwebenden Bilde irgendwie zurück. Am unvollkommensten und steter Vervollkommnung bedürftig sind die vom Sein abstrahierten Begriffe, die nun ihrerseits stets hinter dem sich nie ganz offenbarenden Wesen der Objekte mehr oder weniger weit zurückbleiben.

**Anmerkung 2.** Der Streit über den Begriff, die Frage, ob ihm etwas in der Außenwelt entspreche, und wenn ja, was ihm entspreche, wurde von Plato dahin entschieden, daß er das Wesen von den Dingen ablöste und hypostasierte und eine eigene wirklich existierende Welt von Ideen annahm, denen unsere Begriffe entsprechen. Aristoteles, der diese mythologische Ideenwelt verwarf, fand dagegen das Korrelat der Begriffe in und mit den Dingen selbst, in ihrem Wesen gegeben. Im Mittelalter schlossen sich die Realisten mit ihrem „universalia ante rem" an Plato an, wogegen die Nominalisten den Begriffen überhaupt keine Realität zugestanden, und nur eine kleine Mittelpartei am aristotelischen „universalia in re" festhielt. Mit dieser Frage, ohne irgendwie mit ihr identisch zu sein, berührt sich die nach dem Angeborensein der Begriffe. Die Lehre, daß gewisse Begriffe in uns von Geburt an fertig vorhanden seien, widerspricht dem Wesen des menschlichen Geistes, der immer nur etwas Werdendes ist, sowie aller Erfahrung. Andererseits ist in unserer Begriffsbildung ein gewisses subjektives Element, das wir der Auffassung vom Wesen der Dinge beimischen, nicht zu leugnen, ein Element, das eben das unserem Wesen Nahestehende begreift und auch das Fernerstehende ihm nahe rückt. So ist nicht nur der Trieb, Begriffe zu bilden, uns angeboren, sondern auch die Art, wie wir sie bilden, ist nicht frei von Zuthaten des denkenden Subjekts.

## § 18. Inhalt des Begriffs.

Inhalt eines Begriffs nennen wir den Inbegriff aller darin gedachten Merkmale (Teilvorstellungen). Nach der § 16 beschriebenen Entstehung der Begriffe sollten dies eigentlich nur wesentliche sein; allein da auch andere als wesentliche Merkmale[1]) in einem Begriff konstant sich finden können, die wir also nicht wegdenken dürfen, so ergibt sich der Unterschied von wesentlichen und außerwesentlichen Merkmalen, und da sich auch jene wieder abstufen in grundwesentliche und abgeleitet

---

1) Nicht wesentlich und doch konstant sind diese Merkmale zunächst nur für den gegenwärtigen Stand unseres Wissens. Im Fortschritt desselben werden sie entweder zu wesentlichen erhoben werden, oder es wird sich ergeben, daß ihre Konstanz eine nur scheinbare oder zufällige war.

wesentliche, so erhalten wir drei Arten von Merkmalen (notae):
1. notae essentiales constitutivae, 2. notae essentiales consecutivae sive attributa und 3. notae accidentales sive modi; natürlich muß die Möglichkeit dieser modi begründet sein im Wesen des Dinges selbst. So ist es ein grundwesentliches Merkmal des Begriffes „Staat", daß derselbe Gesetze hat; abgeleitet wesentlich ist, daß Beamte da sind, die diese Gesetze handhaben; außerwesentlich, daß er ein christlicher ist.

## § 19. Umfang des Begriffs.

Den Umfang eines Begriffs bilden alle darin enthaltenen Einzelexistenzen oder genauer die Vorstellungen davon; er ist also der Inbegriff aller Einzelvorstellungen, die sich in demselben zusamenfassen. Da aber diese selbst wieder sich in Gruppen zusammenstellen lassen, so entsteht der Unterschied von höheren und niederen, über- und untergeordneten Begriffen. Dem höheren Begriff entspricht in der Außenwelt die Gattung (genus), dem niederen die Art (species). Über der Gattung steht die Familie, die Ordnung, die Klasse, das Reich, unter der Species die Abart und die Spielart. Dinge, die verschiedenen Gattungen angehören, heißen generisch verschieden; spezifisch verschieden sind zwei Dinge derselben Gattung, die nur verschiedene Arten repräsentiren. So ist also die Lyrik vom Epos und vom Drama spezifisch verschieden; denn alle drei gehören zu dem höheren Gattungsbegriff „Poesie", und sind daher von einer Predigt generisch verschieden. In derselben Art können sich die Individuen nur noch numerisch oder höchstens graduell unterscheiden. Doch lassen sich auch Individualbegriffe denken; nur verstehe man darunter nicht Begriffe von Wesen mit scharf ausgeprägter Individualität, speziell also von Menschen, die sich als Individuen noch spezifisch von einander unterscheiden, sondern solche, durch deren Merkmale schon die Einzigkeit eines ihnen entsprechenden Objektes gegeben ist. In diesem Sinn ist der „Mittelpunkt der Welt" ein Individualbegriff.

**Anmerkung.** Die Darwin'sche Theorie von der Entstehung und Umwandlung der Arten organischer Wesen, deren Richtigkeit im Übrigen hier völlig dahingestellt bleiben muß, widerspricht der logischen Aufstellung des Artbegriffs nicht, da sie nur die Stabilität der Arten in Anspruch nimmt, nicht aber ihre Objektivität, welche die Logik allein behauptet. Im Gegenteil arbeitet sie in zwei Punkten der Logik in die Hände: indem sie nämlich die organische Welt im Fluß sein läßt, erklärt sie die für die Logik bis dahin unverständlichen Mischformen und Übergangsarten für unvollendete werdende Gebilde, die einer Fixierung zu besonderen species erst entgegengehen; und fürs zweite macht sie der Vernachläßigung des individuell Differenten und Bestimmten ein Ende, gibt auch den außerwesentlichen Mobi eine Bedeutung, zwingt dazu, die Mannigfaltigkeit der Dinge in ihrer konkreten Bestimmtheit zu berücksichtigen und zu erklären und zeigt hiezu den Weg. Und ebensowenig ist die Logik ihrerseits jener Theorie feindlich; vielmehr sieht sie in der gegen Darwin geltend gemachten Möglichkeit einer dauernd fruchtbaren Fortpflanzung nur innerhalb derselben Art höchstens ein außerwesentliches Merkmal, während der Begriff des Typus als des Inbegriffs aller wesentlichen Merkmale einer Spezies durch Darwin nicht aufgehoben, sondern nur die Zahl der Typen vermehrt und dieselben als kräftig wirkendes Formprinzip anerkannt werden. Diese logische Fehlerlosigkeit der Darwin'schen Theorie ist aber natürlich noch kein Beweis für ihre Richtigkeit, welchen vielmehr ausschließlich die Naturwissenschaft zu leisten hat.

## § 20. Verhältnis von Umfang und Inhalt.

Über das Verhältnis des Umfangs zum Inhalt der Begriffe gilt das Gesetz, daß je größer der Inhalt, desto kleiner der Umfang, und umgekehrt: je kleiner der Inhalt, desto größer der Umfang; oder anders ausgedrückt: durch Abstraktion (Weglassung von Merkmalen) wird der Inhalt kleiner, der Umfang größer, durch Determination (Hinzufügung von Merkmalen) der Inhalt größer, der Umfang kleiner. So ist der Begriff „Quadrat" inhaltlich größer als der des „Rechtecks", größer nämlich um das Merkmal „gleichseitig". Dem Umfang nach aber ist jener Begriff der kleinere; denn es fallen alle Rechtecke mit ungleichen Seitenpaaren nur unter den zweiten, nicht auch unter den ersten der beiden Begriffe. Doch ist dabei zu bemerken, daß dieses Gesetz nicht ganz ausnahmslos gilt vermöge der mangelhaften Beschaffenheit unserer Sprache und unseres Wissens um das Wesen der Dinge; fügt man z. B. zum Begriff „gleichseitiges Dreieck" noch das Merkmal „gleichwinklig" hinzu, so bleibt trotzdem der Umfang derselbe. Endlich besteht auch zwischen der Vermehrung oder Verminderung auf der einen, und der Verminderung oder Vermehrung auf der andern Seite kein festes Verhältnis, das sich zum voraus bestimmen ließe.

### § 21. Verhältnis der Begriffe unter einander.

1. **Verhältnis der Subordination.** Der höhere Begriff mit weniger Merkmalen und größerem Umfang heißt im Verhältnis zu den niedereren Begriffen, die je um ein Merkmal vermehrt in seinen Umfang fallen, diesen **übergeordnet**, sie ihm **untergeordnet**. Diese letzteren stehen, wenn sie dem ersteren im gleichen Grade untergeordnet sind, auf derselben Linie, sind sich **gleichgeordnet** oder **koordiniert** — nach dem Schema $\frac{A}{a\,b\,c}$. So sind dem Begriff „Grammatik" die Begriffe: Lautlehre, Flexionslehre und Syntax untergeordnet und selbst wieder unter einander koordiniert.

2. **Verhältnis der koordinierten Begriffe unter einander.** Das wichtigste Verhältnis ist das der Disjunktion, d. h. die koordinierten Begriffe schließen sich dem Umfang nach aus, und zwar entweder so, daß zwei solche koordinierte Begriffe den ganzen Umfang des nächst höheren oder gar des höchsten Begriffes (Etwas) ausfüllen als $a + \text{non } a = A$ — **kontradiktorischer** Gegensatz, z. B. rot und nicht rot, schön und nicht schön; oder aber so, daß sie sich zwar ebenfalls gegenseitig ausschließen, sich aber mit andern Begriffen in den Umfang des nächst höheren Begriffes teilen als $a + b = A - c$ — **konträrer** Gegensatz, z. B. rot und violett, schön und häßlich. Einstimmig oder nicht widerstreitend heißen solche Begriffe, die in dem Inhalt eines und desselben Begriffes vereinigt sein können, wie süß und rot in dem Begriff: Kirsche, groß und klug im Begriff: Elefant. Doch ist dies eine rein negative und darum leere Bestimmung, wenn nicht zugleich gesagt wird, daß diese Begriffe sich kreuzen. Sich kreuzende Begriffe nennt man also solche, die einen Teil ihres Umfangs gemein haben, wie Gold und Geld, Fisch und Säugetier; sie sind natürlich zugleich einstimmig. Disparat heißen zwei Begriffe, die sich wegen der Abwesenheit gleicher

Merkmale überhaupt nicht zusammenstellen lassen, wie Phantasie und Tischtuch, Schiff und Großmut, Ballade und Tanne. Identische oder Wechselbegriffe decken sich dem Umfang nach; dagegen sind diese, die Wechselbegriffe im engeren Sinn (notiones aequipollentes), auch nur dem Umfang nach dasselbe, wie: evangelische und protestantische Kirche, Mensch und zweifüßiges ungefiedertes Tier; identische Begriffe dagegen decken sich auch dem Inhalt nach, sind also nur sprachlich verschieden, wie: Scheinheiliger und religiöser Heuchler; gleichseitiges Rechteck und rechtwinkliger Rhombus.

**Anmerkung.** Zur Veranschaulichung dieser Verhältnisse bedient man sich am besten des Kreises und erhält z. B. für das Verhältnis der Disjunktion folgendes Bild, das zugleich geeignet ist, dasjenige der Suborbination und Koordination zu veranschaulichen.

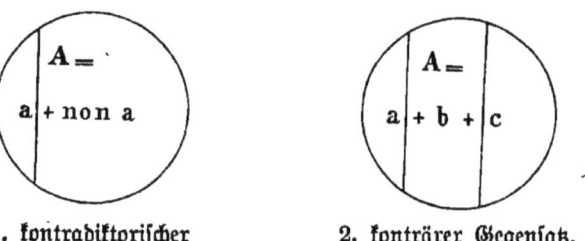

1. kontradiktorischer    2. konträrer Gegensatz.

Sich kreuzende Begriffe zeigen folgendes Bild:

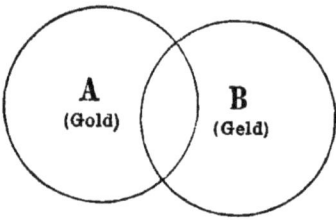

### § 22. Die Division.

Die **Einteilung** (divisio) ist die Zerlegung eines Begriffes in seine Teile dem Umfang nach oder der Gattung in ihre nächstniederen Arten. Die untersten Arten also, die nicht selbst wieder genera sind, (und Individualbegriffe ohnedies) lassen sich begrifflich nicht mehr teilen. An jedes Merkmal eines Begriffs, das noch verschiedene Modifikationen zuläßt, kann man eine Teilung anknüpfen, und dieses Merkmal wird dann für diese Einteilung zum **Einteilungsgrund** (principium oder fundamentum divisionis). So kann man die verschiedensten Einteilungsgründe für einen und denselben Begriff aufstellen; aber streng genommen wird nur Eine Einteilung eine **natürliche** sein, diejenige welche sich an das Wesen der Sache, an die konstitutiv=wesentlichen Merkmale hält. Alle andern Einteilungen sind künstliche; sie sind freilich sehr häufig die einzig möglichen — nach dem Stande unseres Wissens, oder die einzig brauchbaren und praktischen — nach dem Zweck der Einteilung. Aus dieser Möglichkeit verschiedener Einteilungsgründe ergibt sich die Möglichkeit der co-divisio in Einem Begriff; aus der der Einteilung der Arten in Unterarten ec. die der subdivisio. Der nicht benützte Einteilungsgrund einer Division läßt sich meist für eine subdivisio benützen. Die Zahl der Glieder läßt sich nicht zum voraus bestimmen: sie hängt ab von der Sache selbst und muß der Natur derselben gemäß sein. Nur ist stets die **dichotomische** Einteilung möglich (A = a + non a), und bei Entwicklungsstufen empfiehlt sich meist die **Trichotomie**.

Beispiele einer **künstlichen** Einteilung sind diejenigen der einfachen Stoffe in Metalle und Metalloide oder der Pflanzen in Phanerogamen und Kryptogamen, da keine wesentlichen Eigenschaften den Einteilungsgrund hiefür abgeben; **natürlich** ist die Division der Naturwesen in organische und unorganische. Dichotomisch ist die Einteilung der Figuren in reguläre und nicht reguläre, der Menschen in weiße und farbige, wo im ersten Fall dem Einen bestimmt fixierbaren Glied die unendliche Reihe der übrigen schwer fixierbaren Verhältnisse entgegengestellt wird, während im zweiten Fall die verschieden gefärbten nicht = weißen Menschen hinsichtlich ihrer Befähigung zur Kultur sich den Weißen gegenüber zur begrifflichen Einheit zusammenfassen lassen. Trichotomisch ist die Einteilung der Sprachen in radikale, terminationale (agglutinative) und flexionale.

**Regeln** für die Division sind: 1. Jede Einteilung muß einen bestimmten Einteilungsgrund haben, sonst wird sie verworren; darf aber auch nur Einen Einteilungsgrund haben, sonst kreuzen sich die Glieder, statt sich auszuschließen. 2. Die Einteilung muß stetig sein — divisio fiat in membra proxima, obgleich z. B. eine Einteilung wie die der Dreiecke in spitzwinklige, rechtwinklige und stumpfwinklige der praktischen Brauchbarkeit halber logisch zulässig sein kann. 3. Die Einteilung muß abäquat sein, d. h. die Sphären der membra dividentia müssen zusammen gleich sein der Sphäre des totum dividendum; oder: die Einteilung darf weder zu eng noch zu weit sein.

Gegen Regel 1 verfehlt sich die Einteilung der Menschen in Kaukasier, Asiaten und Kraushaarige; gegen Regel 2 diejenige der Naturwissenschaften in Naturgeschichte, Physik, Chemie und Physiologie; gegen Regel 3 die zu enge Einteilung der Künste in redende und bildende ebenso, wie die zu weite Einteilung der Parallelogramme in Quadrate, Rhomben, Rechtecke, Rhomboide und Trapeze.

## § 23. Die Definition.

Die Definition hat die Aufgabe, den Inhalt eines Begriffes zu entwickeln. Dies ist aber faktisch eine Unmöglichkeit, da in Wirklichkeit die meisten Begriffe viel zu viele Merkmale haben und daher oft nicht einmal die wesentlichen alle aufgezählt werden könnten. Deswegen setzt man bei der Definition eines Begriffes die Bekanntschaft mit dem nächst höheren Gattungsbegriff voraus und faßt alle Merkmale, die ein Begriff mit den ihm koordinierten gemein hat, in dem diese Merkmale mitbezeichnenden Gattungsnamen zusammen und beschränkt sich darauf, diesem diejenigen wesentlichen Merkmale noch besonders hinzuzufügen, durch welche er sich von den ihm koordinierten Begriffen, also spezifisch unterscheidet — definitio fiat per genus proximum et differentiam specificam. Die Definitionen sind entweder Nominal- oder Realdefinitionen. Jene geben als analytische Aufschluß über die Bedeutung eines Wortes nach dem Sprachgebrauch, als synthetische sind sie normativ, d. h. sie setzen den Sprachgebrauch (gewöhnlich im wissenschaftlichen Interesse) erst fest. Sie sind stets sogenannte Existentialdefinitionen. Dagegen gibt die Realdefinition Aufschluß über das Wesen der

Sache selber und erreicht das am sichersten und vollkommensten, wenn sie als genetische den Grund des Dinges angibt.

Eine einfache Definition per genus proximum et differentiam specificam ist diejenige des Quadrats als eines gleichseitigen Rechtsecks oder eines rechtwinkligen Rhombus, woraus zugleich ersichtlich ist, daß von einem und demselben Begriffe verschiedene Definitionen möglich sind. Es sind dies zugleich Existential=definitionen. Genetisch ist die Definition des Triebes als eines aus einem Gefühl des Mangels oder der Unlust hervorgehenden Strebens, sich desselben zu entledigen, wobei angeborene oder der Erfahrung entnommene unklare Vorstellungen Richtung gebend sind. Synthetisch ist die Definition der radikalen Sprachstufe als einer solchen, auf welcher jede Wurzel ihre Selbständigkeit be=hauptet und Wort und Wurzel zusammenfallen (Formel: per — intellego id quod —, oder: nenne ich); analytisch diejenige des Parallelogramms als eines Vierecks, in welchem je zwei gegen=überliegende Seiten parallel sind (versteht man, nennt man).

Regeln für die Definition sind: 1. Die Definition muß adäquat sein, d. h. sie darf weder zu weit noch zu eng sein; oder: Subjekt und Prädikat müssen Wechselbegriffe sein. 2. Die Definition darf nicht tautologisch sein, es darf nicht idem per idem definirt werden, was entweder direkt und unmittelbar ge=schehen kann — Zirkel, oder in mehr verhüllter und entfernter Weise — Diallele (δι' ἀλλήλων). 3. Die Definition darf außer bei negativen Begriffen nicht rein negativ sein, ein Fehler, der meist zusammenhängt mit einem unberechtigten Uebergang aus der Definition in die Division. 4. Die Definition darf nicht abundant sein, darf also keine selbstverständlichen, abgeleiteten und außerwesentlichen Merkmale aufnehmen. 5. Die Definition muß bildliche Ausdrücke vermeiden, sonst wird sie un=bestimmt.

Gegen Regel 1 verstößt die zu weite Definition: Figur ist, was von einer oder mehreren Grenzen eingeschlossen wird. Zu eng ist die Definition: ein Halbkreis ist die Figur, welche vom Durchmesser und dem von ihm abgeschnittenen Kreisumfang eingeschlossen wird. Jene erste Definition ist zugleich tautologisch — gegen Regel 2 —, da „Grenze" selbst wieder als das Äußerste eines Dinges, einer Figur definiert wird, den Begriff „Figur" somit schon voraussetzt. Liegt somit hier eine Diallele vor, so wäre ein Beispiel eines plumpen Zirkels: Waschküche ist eine Küche, in der gewaschen wird. Rein negativ — gegen Regel 3 — ist die Definition: ein Punkt ist, was keine Teile hat (zugleich zu weit), oder: ein Fixstern ist kein Planet und kein Komet (zugleich ein Zirkel); dagegen ist richtig, weil unvermeidlich die Definition: unendlich ist, was weder Anfang noch Ende hat. Abundant — gegen Regel 4 — wäre diejenige des Menschen als eines mit Vernunft begabten Tieres, das kochen kann. Bildlich und daher nach Regel 5 wertlos ist die Definition des Staates als der zur Selbstbestimmung organisierten Volksperson eines bestimmten Landes.

Vorstufen der Definition sind die Beschreibung und die Erörterung; ein Hilfsmittel ist die Erläuterung, d. h. die Veranschaulichung durch Beispiele.

## C. Lehre vom Urteil.

### § 24. Begriff des Urteils. Verhältnis zum Sein.

Bei den bisherigen logischen Gebilden konnte sich nur die Frage erheben, ob sie richtig und fehlerfrei seien. Erst beim Urteil handelt es sich eigentlich um Wahrheit. Denn das Urteil gibt Antwort auf die Frage: Ist es wahr, daß zwischen zwei Elementen des Seins eine Beziehung stattfindet oder nicht? Es ist somit die Aussage über das Vorhandensein eines objektiven Verhältnisses der Dinge in der Außenwelt. Die keimartige Form desselben auf dem Gebiete des Wahrnehmens sind unpersönliche Redensarten, welche einfach ein Geschehen anzeigen, das uns zum Bewußtsein kommt, z. B. es regnet. Darauf kommen die Urteile in der Form von Sätzen mit Subjekt, Prädikat und Kopula, und zwar zunächst solche mit einem Subjekt im Singular von der Form: Dieses Ding da fliegt — ebenfalls noch Wahrnehmungsurteile. Nun erst folgen Urteile mit einem nomen appellativum als Subjekt, das dem Gebiete der Gesamtvorstellungen oder Begriffe entnommen ist: auch das noch, so lange ihnen die Beziehung zur Zeit anhaftet, Wahrnehmungs- oder richtiger erzählende Urteile, z. B. die Störche sind angekommen. Erst das eigentlich logische Urteil von der Form S ist P wird unabhängig von dieser Beziehung zur Zeit, z. B. Gold ist gelb; im gleichschenkligen Dreieck sind die Winkel an der Grundlinie einander gleich. An sie schließt sich die Frage an nach der Bedeutung der Kopula (die natürlich häufig nur in der Verbalendung steckt): ob dieselbe nämlich blos die Zusammengehörigkeit von S (Subjekt) und P (Prädikat) behaupte, oder aber zugleich die Existenz von S mitbezeichne, eine Frage, auf welche der in allen Sprachen vorhandene Doppelsinn des Wortes „sein" mit Notwendigkeit führt. Dieselbe beantwortet sich dahin, daß allerdings für gewöhnlich das Urteil: S ist P, zugleich das andere in sich schließt: S ist, d. h. existiert, natürlich nicht notwendig in der Wirklichkeit, sondern ebensogut etwa in dem Glauben der Menschen oder eines bestimmten Volkes (Apollo ist der Gott der Sonne). Der Satz: S ist, wird aber nur dann ausdrücklich aufgestellt werden können und dürfen, wenn sich Zweifel gegen die Existenz von S erhoben haben, wie z. B. Gott ist, wofür man aber besser sagt: es gibt einen Gott.

## § 25. Quantität der Urteile.

Der Quantität nach teilt man die Urteile ein in 1. allgemeine — alle S sind P: alle Menschen sind sterblich; 2. partikuläre — einige S sind P: einige Menschen sind tugendhaft; und 3. individuelle — ein bestimmtes S ist P: Bismarck ist ein großer Mann. Diese Einteilung ist aber keineswegs unanfechtbar. Schon bei den individuellen Urteilen erhebt sich die Frage, ob sie nicht als ein Grenzfall den partikulären oder vielleicht noch mit mehr Recht den allgemeinen Urteilen beizuzählen sind. Noch schwieriger ist die Bestimmung der partikulären Urteile, die etwas Schwankendes und Zweideutiges haben. Offenbar sollten sie eine Berechtigung nur dann haben, wenn das „einige" soviel ist als: nur einige, oder ein ganz bestimmter Teil des Ganzen; in der Logik werden sie aber ebenso auch in der andern Bedeutung zugelassen: mindestens einige S sind P, so daß dadurch das allgemeine Urteil nicht ausgeschlossen wird. Und endlich sind auch die allgemeinen Urteile nicht alle von derselben

Allgemeinheit. Daher hat man sich nach einer besseren Einteilung umzusehen. Da nun dem Verbum schon seiner Form nach die Zeit immanent ist, so kann man das Verhalten des Urteils zu dieser als Einteilungsgrund benützen und unterscheiden 1. zeitliche d. h. solche, die nur für eine bestimmte Zeit gelten, und 2. allgemein giltige Urteile. Jene ersteren zerfallen dann, je nachdem sie von einem oder mehreren Individuen gelten, a) in Einzelurteile: die Lokomotive hat gepfiffen, und b) in plurale Urteile: die Schwalben sind angekommen; diese letzteren, je nachdem die Allgemeinheit eine empirische, durch Zusammenzählen gewonnene oder eine unbedingte und gesetzmäßige ist, in a) empirisch allgemeine: alle Raben sind schwarz, und b) absolut allgemeine Urteile: alle Radien eines Kreises sind einander gleich.

### § 26. Qualität der Urteile.

An die empirisch allgemeinen Urteile schließt sich die Verneinung an, sofern jene auf der Ausnahmslosigkeit der bis jetzt gemachten Erfahrung beruhen: durch ein negatives Urteil wird diese Ausnahmslosigkeit verneint und aufgehoben. Die Verneinung ist somit nichts Reales, sondern nur ein subjektives Hilfsmittel zur Erkenntnis der Wirklichkeit, das allerdings unterstützt wird durch die Analogie realer Verhältnisse (Trennung, Tod, Gegensatz), ohne mit ihnen als positiven Vorgängen identisch zu sein. So stehen den bejahenden Urteilen (die Metalle sind gute Wärmeleiter) die verneinenden (nicht alle Schwäne sind weiß; kein Mensch ist sündlos) gegenüber, aber nicht so, als ob ganz beliebig jedem S jedes Prädikat abgesprochen werden dürfte, sondern einen Sinn hat das verneinende Urteil: . S ist nicht P, nur dann, wenn man aus irgendwelchen Gründen erwarten könnte und erwartet hat, daß S P sei.

Die Negation gehört nicht zum Prädikat, negiert auch nicht die Existenz des Subjektes, sondern nur das Zusammengehören beider, gehört also zu Kopula. Sogenannte negative Prädikate, wie unsterblich oder blind, oder negative Subjekte, wie Unmensch, sind positive, wenngleich privative Begriffe und die mit ihnen gebildeten Urteile in Wirklichkeit bejahende; daher machen die mit jenen gebildeten, sogenannten limitierenden oder unendlichen

Urteile von der Form: S ist non-P (die Metalle sind undurchsichtig), keine besondere Klasse aus; dieselben sind vielmehr von Kant, der sich dabei allerdings auf eine Unterscheidung des Aristoteles berufen konnte, nur der Dreizahl wegen neben die affirmativen und negativen Urteile gestellt werden (cfr. § 14, Anm.).

Anmerkung. Das Verhältnis von Quantität und Qualität zu einander wird weiter unten noch näher zur Sprache kommen; hier sei nur die in der Logik übliche Bezeichnung der allgemein bejahenden Urteile mit dem Buchstaben a, der besonders bejahenden mit i (nach dem Wort affirmo), der allgemein verneinenden mit e, der besonders verneinenden mit o (nach dem Wort nego) angeführt.

## § 27. Relation der Urteile.

Die Urteile sind teils einfache, teils zusammengesetzte. Jene, die sogenannten kategorischen Urteile, haben die Form: S ist P, der Durchmesser eines Kreises ist die größte Sehne desselben. Diese sind Verbindungen von einfachen Urteilen oder Sätzen durch Partikeln, welche entweder zwei selbständige Sätze in Beziehung zu einander bringen und somit ein weiteres neues Urteil zu jenen hinzufügen (so bei den Zeitpartikeln), oder einen Satz dem andern unterordnen und so aus mehreren Sätzen Ein Urteil entstehen lassen. Unter den vielen denkbaren Fällen hat die Logik einige besonders hervorgehoben: 1. das hypothetische Urteil, das wiederum mehrdeutig ist. Zunächst ist festzuhalten, daß es sich in demselben nur um den Zusammenhang zwischen den beiden Sätzen handelt, dieselben also zusammen nur ein einziges Urteil ausmachen, und zwar ein Urteil der Folge. Ob aber diese Folge nur eine zeitliche (wenn = jedesmal wenn) und daneben rein äußerlich-zufällige (wenn ich durch diese Straße gehe, begegnet mir die kaiserliche Equipage) oder eine notwendige und gesetzmäßige (wenn die Sonne im Meridian steht, ist der Schatten am kleinsten), ob sie nur eine für mein Denken giltige — Erkenntnisgrund (wenn heute Nacht in den Weinbergen geräuchert wird, so ist das Thermometer unter Null gesunken), oder wirklich eine in der Außenwelt vorhandene, auf Kausalität beruhende, notwendige ist — Realgrund (wenn ein Lichtstrahl aus Luft in Wasser übergeht, so wird er von seiner Richtung abgelenkt), das ist logisch betrachtet gleichgiltig, und ebenso macht es für die logische Handhabung solcher Urteile keinen Unterschied aus, ob in ihnen nur etwas Problematisches (wenn der Kranke schlafen könnte, so wäre er gerettet), oder wirklich etwas Faktisches und Sicheres ausgesagt werden soll. 2. An das hypothetische Urteil von der Form: wenn S nicht A ist, ist es B, oder wenn S A ist, ist es nicht B (wenn die Menschen nicht von Einem Paare abstammen, so stammen sie von mehreren ab) schließt sich als gleichwertig das disjunktive Urteil an: S ist entweder A oder B (die Menschen stammen entweder von Einem oder von mehreren Paaren ab). Nötig ist hiebei, daß sich die Glieder ausschließen, somit alle bekannt und nicht mehr als die genannten möglich sind. Gleichlautend mit dem disjunktiven ist das divisive Urteil, das aber besser mit „teils — teils", als mit „entweder — oder" gebildet wird; es ist ein Urteil des Umfangs; z. B. die Kegelschnitte sind (entweder =) teils Kreise (oder =) teils Ellipsen (oder =) teils Parabeln (oder =) teils Hyperbeln.

### § 28. Modalität der Urteile.

Der Modalität nach teilt die Logik die Urteile ein in 1. problematische: S kann P sein, 2. assertorische: S ist P, und 3. apodiktische: S muß P sein. Allein diese Einteilung ist eine unbestimmte und verworrene. Die problematischen Urteile sind doppelsinnig, beziehen sich entweder auf eine subjektive Thatsache, die sich ausdrücken läßt durch das zusammengesetzte Urteil: ich vermute, daß —, weiß nicht, ob S P ist, S ist vielleicht P, z. B.: du kannst Recht haben (s. v. a. du hast vielleicht Recht, vielleicht auch nicht); oder auf eine reale Möglichkeit, wie solche begründet ist im Wesen der Dinge einerseits und in ihrer gleichzeitigen Abhängigkeit von vielen Außendingen andererseits, z. B. aus diesem Kern kann ein Baum werden (d. h. er hat die reale Möglichkeit, die Anlage ein Baum zu werden; die Entfaltung derselben aber hängt von einer Reihe von Umständen ab). In beiden Fällen aber ist das Urteil: S kann P sein, eigentlich ein assertorisches. Dieses, das assertorische Urteil (dieser Körper ist Kupfer) bezieht sich auf die Wirklichkeit, kann aber nicht nur diese als empirische bezeichnen, sondern ist ebenso auch die Form für die Behauptung der Allgemeingiltigkeit und Notwendigkeit (das gleichseitige Dreieck ist gleichwinklig), während das apodiktische Urteil auf der Entstehungsweise beruht und solche Urteile bezeichnet, welche auf Grund eines Beweises aufgestellt werden, von der Form: also muß das gleichseitige Dreieck auch gleichwinklig sein.

### § 29. Analytische und synthetische, apriorische und aposteriorische Urteile.

Die Unterscheidung von analytischen und synthetischen Urteilen ist eine schwankende; denn jene setzen den Subjektivsbegriff schon als bekannt voraus und geben somit als wörtliche nur dem Sprachgebrauch gemäß an, was schon in S enthalten ist und darin mitgedacht wird; diese legen als reale dem Subjekt ein Prädikat bei, das nicht schon bei Setzung von S subintelligiert wird. Je mehr nun das Wissen um die Dinge fortschreitet, desto mehr heben sich die synthetischen Urteile in analytische auf. So ist das von Kant als Beispiel eines synthetischen Urteils angeführte: alle Körper sind schwer, ebenso gewiß analytisch als das andere: alle Körper sind ausgedehnt; synthetisch dagegen ist das Urteil: dieses Gedicht ist erhaben, oder das Wahrnehmungsurteil: dieser Berg ist bewaldet.

Der Genesis nach teilt man die Urteile ein in Urteile a priori und a posteriori, von denen die ersteren aus unserem eigenen Geiste herstammen, während die zweite Klasse der Erfahrung entnommen ist. Zu schroff ist diese Unterscheidung von Kant durchgeführt worden: das Richtige daran ist vielmehr die Sonderung eines apriorischen und eines aposteriorischen Elements in aller unserer Urteilsbildung abwechselnd mit dem Ueberwiegen der einen oder anderen Seite. Ein (überwiegend) apriorisches Urteil ist z. B. jede Größe ist sich selbst gleich, während das andere: das Barometer ist gefallen, (vorherrschend) aposteriorisch ist.

# D. Lehre vom Schluß.

## § 30. Der Schluß im allgemeinen.

Schließen nennen wir die Ableitung eines Urteils aus anderen schon gegebenen Elementen des Denkens, vor allem aus anderen gegebenen Urteilen. Wir unterscheiden zunächst das bewußte und das unbewußte Schließen. Das letztere gehört nicht in die Logik, welche ja eben die Aufgabe hat, die Schlußthätigkeit zum Bewußtsein zu erheben und die Regeln aufzustellen, nach denen sie geprüft und kontroliert werden soll; wohl aber spielt es im gewöhnlichen praktischen Leben, ja selbst bei jeder einzelnen Wahrnehmung (cfr. § 12), die größte Rolle: wie viele Schlüsse vollzieht der Mensch z. B. nur, wenn er einem Wagen ausweicht! Ebenso nehmen die Schlüsse vom Einzelnen auf ein anderes Einzelnes, das dem ersteren ähnlich ist, im gewöhnlichen Leben eine weit bedeutendere Stelle ein als die Analogieschlüsse (cfr. § 61) in der Logik. Das eigentlich logische Schließen geht vielmehr entweder vom allgemeinen zum einzelnen — Syllogismus im engeren Sinn, oder vom einzelnen zum allgemeinen — Induktion. Diesem mittelbaren Schließen, bei dem man das neue Urteil aus mindestens zwei anderen Urteilen gewinnt, schicken wir aber die Lehre vom unmittelbaren Schließen voran, das freilich abusive so heißt, da es nur scheinbar unmittelbar aus Einem Element des Denkens, speziell aus Einem Urteil ein zweites ableitet.

## I. Das unmittelbare Schließen.

## § 31. Die Prinzipien des Schließens.

Prinzipien alles Schließens, ganz besonders aber des unmittelbaren Schließens sind die in der Logik meist an die Spitze gestellten sogenannten Grundgesetze des Denkens, die aber besser als Grundlage der Schlußthätigkeit erst hier, wo sie wenigstens ausdrücklich zum ersten Mal Verwendung finden, vorangestellt werden. Es sind ihrer vier: 1. das Gesetz der Identität, 2. das Gesetz des Widerspruchs, 3. das Gesetz des ausgeschlossenen Dritten und 4. das Gesetz des zureichenden Grundes.

### § 32. Grundsatz der Identität und des Widerspruchs.

Der Grundsatz der Identität (principium identitatis) A ist A, d. h. omne subiectum est praedicatum sui, oder wie er als Grundsatz der Einstimmigkeit (principium convenientiae) lautet: A, welches B ist, ist B, ist an sich überflüssig und selbstverständlich, und ein konkretes Denken nach demselben wäre geradezu albern. Wert erhält er erst im Gegensatz zu einer versuchten Negation, somit als positive, eben darum abgeleitete Form des Gesetzes des Widerspruchs (principium contradictionis; genauer: Grundsatz des zu vermeidenden Widerspruchs). Dieses sagt, daß von zwei einander kontradiktorisch entgegengesetzten Urteilen: A ist B und A ist nicht B, das eine notwendig falsch sein müsse, weil nur eines dem Sein entsprechen könne. Ist das zweite dieser Urteile: A ist nicht B, falsch, so folgt daraus nach dem aus der Grammatik bekannten Grundsatz: duplex negatio affirmat, das Gesetz der Identität.

Das zweite Gesetz, das des Widerspruchs, ist — abgesehen von Angriffen, welche in gleichlautenden kontradiktorischen Urteilen die Beziehung auf die Zeit und den darin begründeten Unterschied übersehen — von denjenigen Philosophen, welche dem Beharren gegenüber das Werden und Fließen zum Prinzip erhoben haben, bestritten und ihm namentlich die Bewegung als mit einem Widerspruch behaftet entgegengehalten worden. Die Lösung dieser letzteren Schwierigkeit liegt in der unendlichen Teilbarkeit der Zeit, welche nicht mit wirklichem Geteiltsein verwechselt werden darf (wie in dem Beispiel von Achilles, der die Schildkröte nicht einholen kann), welche aber auch nicht zu früh Halt machen darf, so daß die mathematische Linie doch noch wie ein mit Ausdehnung behaftetes Gebilde behandelt wird, zu deren Ueberschreitung irgend welche endliche Zeit nötig wäre. Auch das Beispiel vom Kretenser, dessen Behauptung, daß alles, was ein Kretenser sage, Lüge sei, sich selbst und eben damit das Gesetz des Widerspruchs aufzuheben scheint, ist dem Gesetze nicht tötlich: Wahr ist diese Behauptung bis auf ihn gewesen; seither ist sie nur falsch.

## § 33. Gesetz des ausgeschlossenen Dritten.

Das Gesetz des ausgeschlossenen Dritten (principium exclusi tertii sive medii inter duo contradictoria) tritt zu dem des Widerspruchs ergänzend hinzu. Besagt dieses, daß von zwei kontradiktorischen Urteilen notwendig eines falsch sein müsse oder daß nicht beide wahr sein können, so sagt dagegen jenes: aber sie können auch nicht beide falsch sein, sie lassen somit die Wahrheit eines dritten oder mittleren Urteils nicht zu. Auch hier lassen sich naheliegende Einwendungen durch Beseitigung sprachlicher Ungenauigkeit leicht heben (z. B. der Angeklagte ist weder schuldig noch unschuldig — das läßt sich nur dann sagen, wenn der Richter die Anklage schlecht und ungenau formulirt hat), oder sind sie nur einer voreiligen und falschen Fragestellung gegenüber in einem gewissen Recht (z. B. der menschliche Wille ist weder frei noch unfrei — das läßt sich sagen, so lange man die Gründe dafür und dawider noch nicht vollständig abzuwägen im Stande ist). Die beiden Gesetze vom ausgeschlossenen Dritten und vom Widerspruch lassen sich in das Eine Prinzip der kontradiktorischen Disjunktion zusammenfassen: A ist notwendig entweder B oder nicht B, d. h. von zwei kontradiktorischen Urteilen ist jedes Mal das eine wahr, das andere falsch.

**Anmerkung.** Wenn wir fragen, wie sich Urteile mit konträr-entgegengesetzten Prädikaten und gleichem Subjekt zum Prinzip der kontradiktorischen Disjunktion verhalten, so gilt hier zunächst, daß beide Urteile falsch sein können, entweder weil der Gattungsbegriff der spezifisch verschiedenen Prädikate dem Subjekt überhaupt nicht zukommt (z. B. der Geist ist weder eckig noch rund), oder weil zwischen den Urteilen: A ist a und A ist c (= non a + x) das Urteil: A ist b, als drittes, richtiges in der Mitte liegen kann. Daß beide Urteile wahr sind, ist zwar in der Regel nicht möglich. Dennoch lassen sich bei gewissen Subjekten, namentlich wenn sie etwas organisch Verbundenes bezeichnen, zwei konträre Urteile denken, die in gewissem Sinn beide wahr sind, z. B. der Mensch ist von Natur gut, und der Mensch ist von Natur böse.

## § 34. Der Satz des zureichenden Grundes.

Das von Leibniz zu den ersten drei Grundsätzen hinzugefügte Gesetz des zureichenden Grundes (principium rationis determinantis sive sufficientis oder auch principium convenientiae von ihm genannt): A ist, wenn B ist, hat als logisches die Bedeutung, daß jeder Satz einen Grund für seine objektive Wahrheit haben, begründet werden müsse. Dasselbe hängt zusammen mit dem metaphysischen Gesetz, daß alle Veränderungen in der Welt geschehen nach dem Gesetze der Verknüpfung von Ursache und Wirkung, dem Kausalitätsgesetz. Gilt nämlich dieses letztere, so folgt für das erstere, daß der logische Gedankenzusammenhang diesem realen Kausalzusammenhang entsprechen oder daß der Erkenntnisgrund mit dem Realgrund zusammenfallen solle, eine Forderung, die allerdings nicht unmittelbar in dem rein logischen Satz vom zureichenden Grunde liegt und überdies nur für ein vollendetes Denken gilt.

## § 35. Die Natur der Denkgesetze.

Es hat sich die Frage erhoben, ob diese Denkgesetze (als logische, nicht als metaphysische Gesetze betrachtet) Naturgesetze oder Sitten-, d. h. normative Gesetze seien, und dieselbe ist verschieden beantwortet worden. Offenbar verhalten sich nicht alle vier Gesetze dieser Frage gegenüber gleich, sondern die drei ersten sind wesentlich anzusehen als in der Natur des Denkens selbst liegende, das Selbstbewußtsein natürlich bestimmende, sich von selbst verstehende Gesetze, welche darum erst in zweiter Linie dem Denken, namentlich für verwickelte Fälle, noch besonders als Normen vorzuhalten sind (cfr. § 5). Dagegen ist das Gesetz vom zureichenden Grunde zunächst ein logischer Imperativ, den sich das Denken als anzustrebendes Ziel vorzuhalten hat; zugleich aber ist es begründet in der Natur des Denkens, beruht auf einem diesem selbst immanenten und angeborenen Triebe. Übrigens gibt für diese verschiedene Stellung des vierten Gesetzes schon die späte Aufstellung desselben einen Fingerzeig.

## § 36. Ableitung eines Urteils aus einem Begriff.

Die Ableitung eines Urteils aus einem Begriff fällt als eine Art Grenzfall unter das unmittelbare Schließen; in Wahrheit freilich ist es kein Schließen mehr, sondern identisch mit der Bildung sogenannter analytischer Urteile, in welchen der Subjektsbegriff so bekannt ist, daß aus ihm ohne Weiteres das Prädikat gesetzt oder gefolgert werden kann; s. darüber oben § 29.

## § 37. Ableitung eines Urteils aus einem zweiten
### 1. durch Konversion.

Die Konversion oder Umkehrung ist diejenige Formveränderung des Urteils, vermöge deren die Glieder des Urteils ihre Stellung wechseln, das Subjekt zum Prädikat, das Prädikat zum Subjekt wird. Umgekehrt können kategorische Urteile nur dann werden, wenn sich das Prädikat zur Zusammenfassung in eine Klasse eignet, hypothetische Urteile dagegen stets. Rein (simplex) heißt die Umkehrung, wenn sie ohne —, unrein (per accidens), wenn sie mit einer Quantitätsveränderung verbunden ist. Auf die Qualität und Modalität der Urteile hat die Konversion keinen Einfluß. Speziell gestaltet sich die Sache bei dem kategorischen Urteil so, daß 1. das allgemein bejahende Urteil (a) durch Umkehrung zu einem partikulär bejahenden (i) wird: alles sittlich Gute ist schön; einiges Schöne ist sittlich gut; wenn alle S P sind, so sind mindestens einige P S. Die Konversion ist also eine unreine. Nur zufälliger Weise, als Grenzfall, kann auch einmal das Urteil: alle P sind S, folgen, z. B. in dem Urteil: jedes gleichseitige Dreieck ist gleichwinklig; jedes gleichwinklige Dreieck ist gleichseitig. 2) Partikulär bejahende Urteile (i) ergeben durch Umkehrung wieder solche (i): einige S sind P, also auch einige P S; einige Deutsche waren große Philosophen, einige große Philosophen waren Deutsche. Die Konversion ist rein, die Urteile sind reziprokabel. 3) Allgemein verneinende Urteile (e) ergeben durch Umkehrung wieder solche (e): kein S ist P, also auch kein P S: kein wirklich gebildeter Mensch ist abergläubisch, kein Abergläubischer ist wirklich gebildet — reine

Umkehrung. 4) Für das partikulär verneinende Urteil (o) folgt für die Logik überhaupt nichts, d. h. es läßt sich nicht zum voraus bestimmen, was für ein giltiges Urteil sich durch Konversion ergibt. Man vergleiche die Urteile: einige Tiere leben im Wasser, alle im Wasser lebenden Geschöpfe sind Tiere; einige römische Kaiser waren keine Italiener, einige Italiener waren (keine) römische Kaiser. Ganz dasselbe gilt von den hypothetischen Urteilen. So ergibt sich aus dem Urteil a: jedesmal, wenn man einen Regenbogen sieht, hat man die Sonne im Rücken, durch Konversion das Urteil i: einige Male, wenn man die Sonne im Rücken hat, sieht man einen Regenbogen.

**Anmerkung.** Um sich diese Verhältnisse klar zu machen, bediene man sich der Veranschaulichung durch Kreise.

## § 38. 2. durch Kontraposition.

Kontraposition ist diejenige Veränderung eines Urteils, vermöge deren die Glieder des Urteils ihre Stellung vertauschen und zugleich eine Qualitätsveränderung eintritt, indem das zum Subjekt erhobene Prädikat in sein kontradiktorisches Gegenteil verwandelt, oder im hypothetischen Urteil das kontradiktorische Gegenteil des bedingten Satzes (Nachsatzes) zum bedingenden Satze (Vordersatz) wird. Darnach gestaltet sich für das kategorische Urteil die Sache so, daß durch Kontraposition 1. aus dem allgemein bejahenden Urteil (a): jedes S ist P, ein allgemein verneinendes (e): alles, was nicht P ist, ist (auch) nicht S, abgeleitet werden kann; z. B. jedes Quadrat ist ein Parallelogramm; was kein Parallelogramm ist, ist auch kein Quadrat. 2. Aus dem allgemein verneinenden Urteil (e): kein S ist P, folgt das partikulär bejahende (i): einiges, was nicht P ist, ist (doch) S; z. B. kein Element ist zerlegbar; einiges, was nicht zerlegbar ist, ist ein Element. 3. Aus dem partikulär verneinenden Urteil (o): einige S sind nicht P, folgt das partikulär bejahende Urteil (i): einiges, was nicht P ist, ist S; z. B. einige Dichter sind keine großen Männer; einige, die keine großen Männer sind, sind Dichter. 4. Aus dem partikulär bejahenden Urteil (i) folgt für die Logik überhaupt nichts. Ganz ähnlich wie mit der Kontraposition der kategorischen verhält es sich mit der der hypothetischen

Urteile. Wert hat übrigens die Kontraposition in den meisten Fällen nur dann, wenn man bei der Umwandlung des Prädikats in sein kontradiktorisches Gegenteil unter non P nicht absolut alles, was nicht P ist, versteht, sondern nur das unter einem gemeinsamen Oberbegriff Koordinierte oder doch einem bestimmten Gebiete Angehörige subintelligiert. Beim hypothetischen Urteil ist die Kontraposition namentlich wertvoll zur Gewinnung der conditio sine qua non: wenn A ist, ist B; also niemals wenn B nicht ist, ist A, z. B. wenn der See gefriert, steht das Thermometer unter Null; niemals, wenn das Thermometer nicht unter Null steht, gefriert der See.

**Anmerkung.** Auf den ersten Anblick könnte es scheinen, als ob aus dem partikulär bejahenden Urteil (i): einige S sind P, durch Kontraposition das Urteil (o): einiges was nicht P ist, ist nicht S, gewonnen werden könnte; und vielfach, ja meistens ist es auch so, z. B. einiges Schöne ist anmutig; einiges, was nicht anmutig ist, ist auch nicht schön. Aber doch nicht in allen Fällen; denn es wäre falsch, aus dem Urteil: einiges Organische ist seelenlos, durch Kontraposition das Urteil ableiten zu wollen: einiges Nicht=Seelenlose (d. h. Beseelte) ist nicht organisch, da vielmehr alles Beseelte, wenigstens soweit wir es kennen, organisch ist. Dies tritt dann ein, wenn die Sphären von S und P zwar (mindestens) teilweise zusammenfallen, zugleich aber, wie in dem Beispiel das Organische und das Seelenlose, zusammen den ganzen Kreis des Seienden (hier der seienden Wesen) umfassen. Und ebensowenig läßt sich in dem oben postulierten engeren Sinn von non P aus dem Urteil: einige Menschen sind irreligiös, das andere ableiten: einiges, was nicht irreligiös (d. h. also dann fromm) ist, ist nicht Mensch.

## § 39. 3. durch Subalternation.

Die Subalternation bezieht sich auf die Quantität der Urteile und bezeichnet den Übergang vom allgemeinen zum qualitativ gleichen partikulären Urteil und umgekehrt. Aus der Wahrheit des allgemeinen (subalternierenden) Urteils folgt die des entsprechenden partikulären (subalternierten) Urteils, aus S a P folgt S i P, aus S e P folgt S o P. Aus der Wahrheit des Urteils a: (alle) Parallelogramme verhalten sich zu einander wie die Produkte aus ihren Grundlinien und Höhen, folgt also die=

jenige von i: einige Parallelogramme (z. B. die Rechtecke) verhalten sich in der angegebenen Weise zu einander; und aus der Wahrheit von e: kein Mensch ist sündlos, folgt die von o: einige (einzelne) Menschen sind (auch) nicht sündlos. Aus der Unwahrheit des besonderen Urteils folgt die Unwahrheit des entsprechenden allgemeinen, also aus der Falschheit von S i P die von S a P, und aus der Falschheit von S o P die von S e P. Ist es falsch, daß einige Menschen sündlos sind, so ist es auch falsch, daß alle Menschen sündlos sind; und ist es falsch, daß einige Parallelogramme sich nicht zu einander verhalten wie die Produkte aus ihren Grundlinien und Höhen, so ist es auch falsch, daß sich kein Parallelogramm zu einem andern so verhält. Das ist das Gesetz der Logik de omni et nullo: Quidquid de omnibus valet, valet etiam de quibusdam et singulis; quidquid de nullo valet, nec de quibusdam vel singulis valet. Doch fehlt in dieser lateinischen Regel, die nur den Schluß vom subalternierenden zum subalternierten Urteil enthält, die Rückfolgerung vom partikulären zum allgemeinen Urteil.

### § 40. 4. durch Äquipollenz.

Die Äquipollenz bezieht sich auf die Qualität der Urteile, welche verändert wird durch Vertauschung des Prädikats mit seinem kontradiktorischen Gegenteil, so daß (nach dem Grundsatz: duplex negatio affirmat) der Sinn der Urteile derselbe bleibt. Darnach folgt 1. aus dem allgemein bejahenden Urteil: alle S sind P, das gleichbedeutende allgemein verneinende: kein S ist nicht=P, und umgekehrt, z. B.: alle Katzen sind Raubtiere; keine Katze ist nicht Raubtier. 2. Von dem Urteil: kein S ist P, leitet sich das Urteil: jedes S ist nicht = P ab, und umgekehrt: kein Raum ist absolut leer; jeder Raum ist nicht absolut leer. 3. Ebenso aus dem Urteil: einige S sind P, das Urteil: einige S sind nicht nicht = P, und umgekehrt: einige Gase sind farblos, einige Gase sind nicht nicht = farblos (d. i. sind nicht gefärbt), und endlich: 4. aus dem Urteil: einige S sind nicht P, das andere: einige S sind nicht=P, und umgekehrt: einige Staatsformen sind nicht vollkommen; einige Staatsformen sind nicht=vollkommen (unvollkommen). Die letztere Form namentlich ist im Grunde nichts als eine meist wertlose sprachliche Abänderung, wenn auch formell die Urteile verschiedene Qualität haben.

### § 41. 5. durch Opposition.

In Opposition stehen zwei inhaltlich gleiche Urteile von verschiedener Qualität und also auch entgegengesetztem Sinn. Diese Opposition ist entweder eine kontradiktorische oder eine konträre oder eine subkonträre (subkonträr nennt man zwei sonst gleichlautende partikuläre Urteile, von denen das eine bejaht, das andere verneint). Vermöge der Opposition folgt nun 1. nach dem Gesetz des Widerspruchs (§ 32) aus der Wahrheit eines Urteils die Unwahrheit des kontradiktorischen Urteils; 2. nach dem Gesetz des ausgeschlossenen Dritten (§ 33) aus der Unwahrheit eines Urteils die Wahrheit des kontradiktorisch entgegengesetzten Urteils; 3. aus der Wahrheit eines Urteils (hier ausnahmslos, im Unterschied von § 33, Anmerkung) die Falschheit des konträr entgegengesetzten, aber nicht umgekehrt aus der Unwahrheit des einen die Wahrheit des andern, da beide falsch sein können; 4. aus der Unwahrheit eines Urteils die Wahrheit des subkonträren Urteils, aber nicht umgekehrt aus der Wahrheit des einen die Falschheit des andern, da beide wahr sein können. Die Sache gestaltet sich also wie folgt:

ad 1. Wahr S a P; falsch S o P.
Wahr S e P; falsch S i P.
Wahr S i P; falsch S e P.
Wahr S o P; falsch S a P.

ad 2. Falsch S a P; wahr S o P.
Falsch S e P; wahr S i P.
Falsch S i P; wahr S e P.
Falsch S o P; wahr S a P.

ad 3. Wahr S a P; falsch S e P.
Wahr S e P; falsch S a P.

ad 4. Falsch S i P; wahr S o P.
Falsch S o P; wahr S i P; oder in Beispielen:

ad 1 und 2. Wahr: alle Menschen sind sterblich;
Wahr: kein griechisches Wort en-
 digt auf einen P-laut;

Wahr: einige Rosen sind weiß;
Wahr: einige Säugetiere sind
 keine Wassertiere;

ad 3. Wahr: alle Peripheriewinkel sind halb so
 groß als der auf
 gleichem Bogen
 stehende Centri-
 winkel;
Wahr: keine Tanne hat
 Blätter;!

ad 4. Falsch: einige Metalle sind
 gewichtlos;
Falsch: einige erhaltene
 Dramen des Sophokles
 sind nicht gelungen;

falsch: einige Menschen sind nicht
 sterblich.
falsch: einige griechische Wörter
 endigen auf einen
 P-laut.

falsch: keine Rose ist weiß.
falsch: alle Säugetiere sind
 Wassertiere.

falsch: kein Peripheriewinkel ist
 halb so groß als der
 auf gleichem Bogen
 stehende Centriwinkel.

falsch: alle Tannen haben
 Blätter.

wahr: einige Metalle sind nicht
 gewichtlos.
wahr: einige erhaltene Dramen
 des Sophokles sind
 gelungen.

Mit Hilfe der Subalternation läßt sich die dritte Regel über die konträren Urteile ohne weiteres aus der ersten, die vierte Regel über die subkonträren Urteile aus der zweiten ableiten: ist es wahr, daß S a P, so ist es falsch, daß S o P, also noch viel mehr, daß S e P; und ist es falsch, daß S i P, so ist es wahr, daß S e P, also noch viel mehr, daß S o P.

## § 42. 6. durch Umwandlung der Relation.

Die Umformung der Relation, wornach aus einem kategorischen ein hypothetisches (Schnee ist gefrorenes Wasser; wenn es Schnee gibt, ist er gefrorenes Wasser) und aus einem disjunktiven mehrere hypothetische Urteile (dieser Stern ist entweder ein Planet oder ein Fixstern; wenn dieser Stern kein

Planet ist, ist er ein Fixstern, oder: wenn er kein Fixstern ist, ist er ein Planet) abgeleitet werden können, und umgekehrt aus einem hypothetischen unter Umständen (cfr. § 27) ein disjunktives (wenn das Klima nicht heiß ist, ist es gemäßigt oder kalt; das Klima ist entweder heiß oder gemäßigt oder kalt), aber nicht ein einfach kategorisches, beruht auf dem inneren Verhältnis derselben unter einander und zugleich auf der Mehrdeutigkeit der Kopula (cfr. § 24). In der Praxis ist eine solche Umformung freilich sehr häufig völlig wertlos.

### § 43. 7. durch die modale Konsequenz.

Vermöge der **modalen Konsequenz**, d. h. der Umwandlung der Modalität der Urteile folgt 1. aus der Giltigkeit des apodiktischen Urteils die des assertorischen und problematischen, und aus der Giltigkeit des assertorischen die des problematischen Urteils, aber nicht umgekehrt; wenn also gilt: jeder Punkt der Kreisperipherie muß vom Mittelpunkt gleich weit entfernt sein, so ist auch jeder gleichweit davon entfernt; und wenn das, so kann es auch jeder sein; 2. aus der Unstatthaftigkeit des problematischen Urteils die des assertorischen und apodiktischen, und aus der des assertorischen die des apodiktischen Urteils, aber nicht umgekehrt; wenn es unstatthaft ist zu sagen, daß ein Gestorbener vielleicht wieder ins Leben zurückkehrt, so kehrt er auch nicht zurück, und muß nicht zurückkehren; und wenn es falsch ist zu sagen: der Stoff in der Welt vermehrt sich, so ist es auch falsch zu sagen, daß er sich vermehren müsse. Es ist dies gewissermaßen die Anwendung der Subalternation (§ 39) auf die Modalität der Urteile. Ähnlich wie bei den partikulären Urteilen in der Logik das „einige" im Sinne von „mindestens einige" zu nehmen ist, hat auch das „vielleicht" der problematischen Urteile (S kann P sein = S ist vielleicht P) die Bedeutung von „mindestens vielleicht": beide geben also Aufschluß über den augenblicklich noch unvollendeten Stand unseres Wissens; und so gilt die modale Konsequenz für das problematische Urteil nur, sofern es sich dabei um das Verhältnis des Subjekts zu dem aufzustellenden Urteil handelt, also nicht für Sätze über reale Möglichkeit (cfr. § 28).

**Anmerkung** zur Lehre vom unmittelbaren Schließen überhaupt. Oben § 30 wurde gesagt, das unmittelbare Schließen heiße nur abusive so und leite nur scheinbar unmittelbar aus einem einzigen gegebenen Urteil das zweite ab. In Wirklichkeit nämlich ist jedesmal ein Urteil — der Obersatz des vollständigen Schlusses — ausgelassen, kann aber subintelligiert werden, und besteht eben in dem gerade angewandten allgemeinen logischen Gesetz für die betreffende Umformung. Der Wert einzelner dieser Umformungen ist, wie teilweise gezeigt wurde, kein großer, oft nicht einmal derjenige einer bequemeren Ausdrucksweise. Unrichtig aber ist es zu sagen, daß dadurch jedesmal nur dasselbe Urteil in anderer sprachlicher Wendung zu Tage gefördert werde; wir erhalten vielfach wirklich neue Urteile, gewinnen einem aufgestellten Urteil eine neue Seite ab und werden vor allem durch diese Regeln vor fehlerhaften Anwendungen eines gegebenen Urteils bewahrt.

## II. Das mittelbare Schließen.

### 1. Der Syllogismus im engeren Sinn.

#### § 44. Wesen und Berechtigung des Syllogismus.

Der Syllogismus im engeren Sinn ist ein Schluß vom Allgemeinen auf das Besondere. Dabei wird das neue Urteil abgeleitet aus mindestens zwei anderen Urteilen, und zwar entweder aus nur zwei Urteilen — einfacher Syllogismus, oder aus mehr als zwei Urteilen — zusammengesetzter Syllogismus. Die (zwei) Urteile, aus denen das neue — der Schlußsatz, conclusio, συμπέρασμα — abgeleitet wird, heißen die Prämissen des Schlusses — propositiones praemissae, προτάσεις oder λήμματα. Sie müssen beide einen gemeinsamen vermittelnden Begriff haben, da sonst nichts aus ihnen gefolgert werden könnte — Mittelbegriff, terminus medius, ὅρος μέσος. Diejenige Prämisse, welche dem Schlußsatz das Subjekt liefert, heißt der Untersatz, propositio minor, die, welche ihm das Prädikat gibt, Obersatz, propositio maior. Alle diese Bestandteile zusammen heißen die Elemente des Schlusses.

Da hier geschlossen wird vom Allgemeinen auf ein darunter zu subsumirendes Einzelnes oder doch minder Allgemeines, so hat man schon behauptet, der Syllogismus sei zum mindesten wertlos, wenn nicht geradezu fehlerhaft, weil der allgemeine Obersatz den besonderen Schlußsatz eigentlich schon als bewiesen voraussetze, der Schlußsatz also nichts sage, als was vorher schon bekannt und in den Prämissen enthalten sei. Dieser Einwand, berechtigt nur, soweit er sich gegen die lediglich aus analytischen Urteilen gebildeten Syllogismen der traditionellen Logik wendet, beruht, wenn er den Syllogismus selbst treffen will, auf einer Verkennung der absoluten Allgemeinheit und setzt an deren Stelle die rein empirische Allheit. Für denjenigen dagegen, der eine reale Gesetzmäßigkeit in der Welt anerkennt und dem der allgemeine Begriff nicht bloßer Name für eine Klasse von Individuen, sondern zugleich Bezeichnung des Wesens ist, erweitert der Syllogismus das Wissen wirklich, sofern dadurch eben ein vorliegender einzelner Fall, der noch nicht nach allen Seiten hin bekannt ist, unter ein bekanntes allgemeines Gesetz subsumiert wird und dadurch neues Licht erhält. Davon kann schon die Thatsache der Mathematik jeden überzeugen: denn in ihr wird ja unser Wissen wesentlich mit Hilfe des Syllogismus erweitert. Damit aber der Syllogismus ein Mittel zur Gewinnung neuer Kenntnisse werde, muß er in den Dienst jener realen Gesetzmäßigkeit treten und dieselbe in sich darstellen; es muß daher der Mittelbegriff womöglich den Realgrund für die Wahrheit des Schlußsatzes in sich schließen. Das Gesetz, auf dem der Syllogismus beruht, ist also vorherrschend der Satz vom zureichenden Grunde.

Auf der Relation der Schlüsse, für die besonders die des Obersatzes bestimmend ist, beruht die Einteilung derselben in **kategorische, hypothetische und disjunktive Schlüsse.** Und je nach der Zahl der Prämissen zerfallen sie in **einfache, zusammengesetzte und verkürzte Schlüsse.**

**Anmerkung.** Geschaffen und sofort fast bis zur Vollendung ausgebildet wurde die syllogistische Theorie von Aristoteles.

## § 45. Der einfache kategorische Schluß und seine möglichen Formen.

Der einfache kategorische Schluß besteht aus drei kategorischen Urteilen, dem Schlußsatz und den beiden Prämissen, von denen die eine, der Obersatz, den **Oberbegriff**, welcher Prädikat im Schlußsatz wird, die andere, der Untersatz, den **Unterbegriff**, welcher Subjekt im Schlußsatz wird, beide aber den **Mittelbegriff**, welcher im Schlußsatz nicht mehr vorkommt, enthalten. Ober- und Unterbegriff zusammen heißen im Gegensatz zum Mittelbegriff termini extremi, τὰ ἄκρα, nach ihrer Stellung bei Aristoteles, der folgende Form des Schlusses gebraucht: das P-sein kommt dem M zu, das M-sein dem S; folglich kommt auch das P-sein dem S zu. Die jetzt übliche Form dagegen ist eine andere: M ist P, S ist M; folglich ist S P.

Der einfache kategorische Schluß zerfällt je nach der Stellung des Mittelbegriffs zu den beiden andern Begriffen in drei Hauptklassen, deren erste wieder in zwei Unterabteilungen sich zerlegen läßt: 1. Der Mittelbegriff ist in der einen Prämisse Subjekt, in der andern Prädikat; da er es aber je in der einen oder in der andern sein kann, so ergeben sich zwei Unterarten: a) der Mittelbegriff ist Subjekt zum terminus maior und Prädikat zum terminus minor; b) er ist Prädikat zum terminus maior und Subjekt zum terminus minor. 2. Der Mittelbegriff ist in beiden Prämissen Prädikat. 3. Der Mittelbegriff ist in beiden Prämissen Subjekt. Da Aristoteles die zweite Abteilung der ersten Klasse (1 b) noch nicht aufgestellt hat, so finden sich bei ihm nur die drei Formen: 1 a, 2 und 3. Ihnen hat man, angeblich seit Galēnus († 201 n. Chr.), die übrigens schon vorher bekannte Klasse 1 b als vierte „Galenische Figur" hinzugefügt, und so hat man nun folgende vier sogenannte **Schlußfiguren**:

| 1. | M P | 2. | P M | 3. | M P | 4. | P M |
|---|---|---|---|---|---|---|---|
| (= 1 a) | S M | | S M | | M S | (= 1 b) | M S |
| | S P | | S P | | S P | | S P |

Übrigens ist die Reihenfolge der Prämissen unter sich jedesmal eine beliebige: die in der Logik gewöhnliche Stellung ist die

angegebene, wornach der Obersatz jedesmal dem Untersatz voran=
steht; richtiger aber wäre die umgekehrte Stellung, wenigstens in
den Fällen, wo der Untersatz empirisch ist, uns also zuerst auf=
stößt und erst in zweiter Linie unter das allgemeine Gesetz (den
Obersatz), das wir für ihn suchen müssen, untergebracht wird.

Da nun jede der beiden Prämissen durch Kombination von
Quantität und Qualität vier verschiedene Formen (a, i, e, o) an=
nehmen kann, so ergeben sich für jede Figur sechzehn denkbare
Formen, zusammen also vierundsechzig sogenannte Modi, und wir
haben nun zu untersuchen, aus welchen dieser 64 Kombinations=
ormen wirklich ein giltiger Schlußsatz abgeleitet werden kann, zu
welchem Zweck zunächst einige für alle Figuren gleichmäßig geltende
Regeln aufgestellt werden können.

### § 46. Allgemeine Regeln über die Ableitung des Schlußsatzes im einfach-kategorischen Syllogismus.

1. Ex mere negativis nihil sequitur: aus zwei
verneinenden Prämissen läßt sich im einfach=kategorischen Syllo=
gismus kein logisch giltiger Schlußsatz ableiten, d. h. es läßt
sich nicht zum voraus bestimmen, in welchem Verhältnis S und P
zu einander stehen; und zwar weder wenn der Mittelbegriff von
dem Ober= und Unterbegriff je ganz (beide Prämissen allgemein
verneinend), noch wenn er nur von dem einen ganz, von dem
andern teilweise (eine der Prämissen allgemein, die andere parti=
kulär verneinend), noch wenn er von beiden nur teilweise (beide
Prämissen partikulär verneinend) getrennt ist. Denn über das
gegenseitige Verhältnis von S und P läßt sich zum voraus nichts
aus der Thatsache ableiten, daß beide von M ganz oder teilweise
getrennt sind, wie dies aus der Stellung der Kreise hervorgeht:

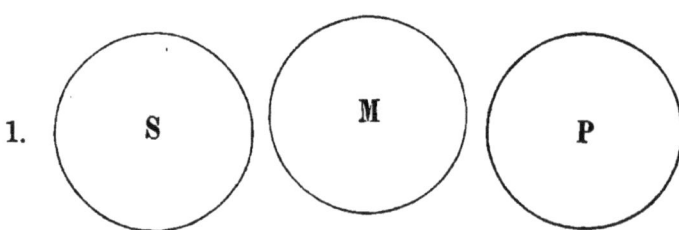

2.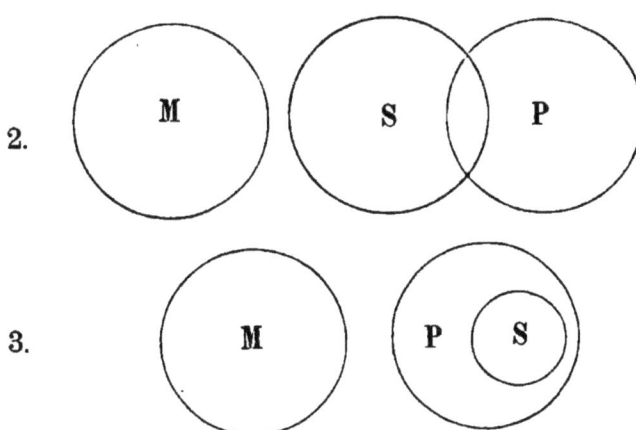

3.

In allen drei Fällen ist sowohl S als P von M ganz getrennt, das erste Mal aber zugleich auch S von P, das zweite Mal kreuzen sich die Sphären von S und P und das dritte Mal fällt S in P (oder umgekehrt).

Da vermöge der Äquipollenz (§ 40) bejahende Urteile in verneinende von gleichem Sinn verwandelt werden können, so scheint es als ließen sich Ausnahmen von dieser Regel denken; allein dies ist ja nur möglich durch Einführung eines weiteren Begriffes: non-A, so daß wir vier Begriffe, also überhaupt keinen einfachen Schluß mehr haben.

Durch diese erste Regel fallen in jeder Figur vier Modi: ee, eo, oe, oo, also im Ganzen 16 Modi weg.

2. Ex mere particularibus nihil sequitur: aus zwei partikulären Prämissen läßt sich kein logisch giltiger Schlußsatz ableiten. Denn es bleibt unbestimmt, ob die Sphären von S und P, trotzdem daß Teile davon mit M zusammenfallen (resp. nicht zusammenfallen), unter sich etwas Gemeinsames haben oder einander ausschließen, wie dies aus nachstehender Kombination der Kreise hervorgeht:

1.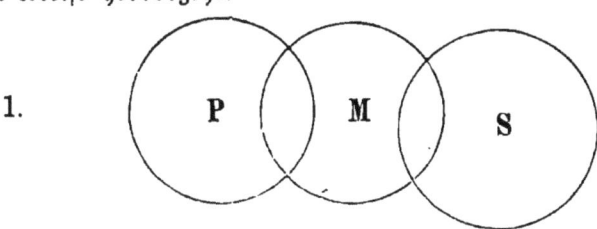

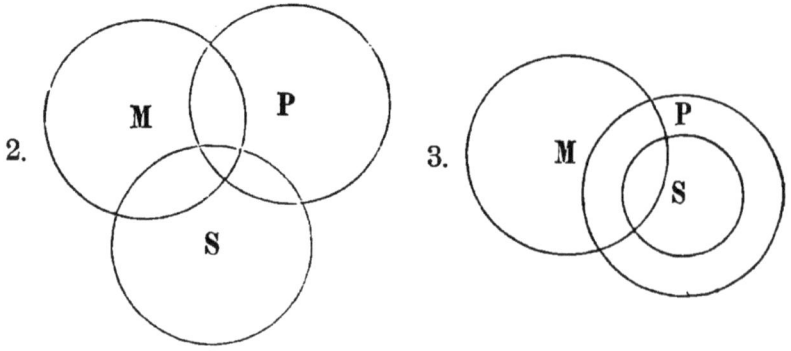

In allen drei Fällen sind einige M P und einige S M (oder einige M nicht P und einige S nicht M), das erste Mal aber ist kein S P, das zweite Mal sind einige S P (oder nicht P) und das dritte Mal sind sogar alle S P.

Durch diese zweite Regel fallen in jeder Figur vier Modi weg, nämlich i i, i o, o i und o o; da aber letzterer schon durch die erste Regel beseitigt ist, fallen nur noch drei weitere für jede Figur, im Ganzen 12 weitere Modi weg.

3. **Aus einem partikulären Obersatz und einem verneinenden Untersatz folgt kein logisch giltiger Schlußsatz.** Denn ob P, auch wenn es mit M einen Teil seiner Sphäre gemein hat, zufällig auch mit S etwas und was es mit ihm gemein hat, läßt sich nicht zum voraus bestimmen, wie die folgenden Figuren beweisen:

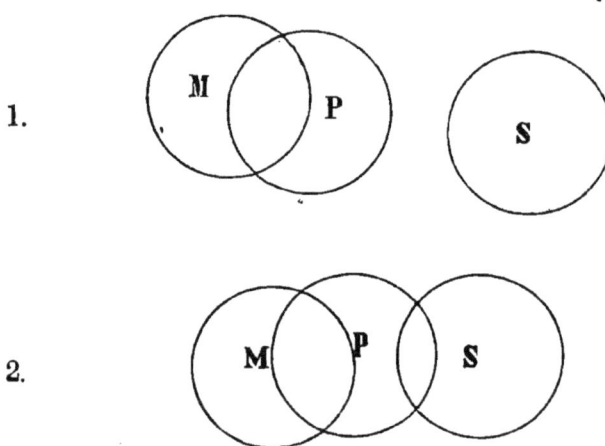

3.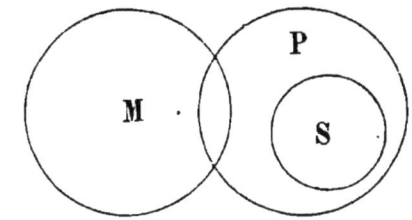

In allen Fällen sind einige M P und alle S von M getrennt: das erste Mal ist S überdies auch von P getrennt, das zweite Mal fällt es teilweise mit P zusammen, das dritte Mal ganz in P.

Da die hiedurch in Wegfall kommenden Modi o o, o e und i o bereits durch die erste und zweite Regel beseitigt sind, so fällt nur noch für jede Figur der Modus i e weg, somit im ganzen 4 weitere Modi.

Durch die drei vorstehenden Regeln sind demnach von den 64 möglichen Kombinationen 32 beseitigt, und es bleiben im ganzen 32 oder für jede Figur 8 Modi übrig, nämlich a a, a e, a i, a o, e a, e i, i a, o a, von denen übrigens durch die speziellen Regeln für die einzelnen Figuren noch eine weitere Anzahl in Ausfall kommt.

**Anmerkung.** Zu der dritten Regel ist zu bemerken, daß allerdings in allen Fällen gefolgert werden kann: einige P sind nicht S. Allein dann wäre, da P Subjekt und S Prädikat im Schlußsatz ist, der Obersatz verneinend, der Untersatz partikulär (e i), eine Kombination, die durch die Regel nicht ausgeschlossen wird.

## § 47. Erste Figur.

Das Prinzip der ersten Figur von der Form M P läßt
$$\frac{S\ M}{S\ P}$$
sich ausdrücken durch den Satz: nota notae est nota rei und nota repugnans notae repugnat rei. Für diese Figur gelten speziell folgende zwei Regeln: 1. Der Obersatz darf nicht partikulär und 2. der Untersatz darf nicht verneinend sein. Dadurch fallen vier von den durch die allgemeinen Regeln übrig gelassenen 8 Modi für diese Figur weg, und zwar i a und o a durch die erste, a e

und a o durch die zweite Regel. Somit bleiben nur vier Modi der ersten Figur übrig, welche wirklich einen logisch giltigen Schlußsatz ergeben. 1. Aus M a P folgt der Schlußsatz S a P
S a M
— Barbara, bei weitem der wichtigste aller Modi, namentlich in der Mathematik. 2. Aus M e P ergibt sich der Schlußsatz S e P
S a M
— Celarent. 3. Aus M a P folgt S i P — Darii, und 4. aus
S i M
M e P folgt S o P — Ferio.
S i M

**Anmerkung 1.** Die im § angeführten scholastischen Namen der einzelnen Modi stammen von Petrus Hispanus, dem nachmaligen Papst Johann XXI. († 1277) und sind in der Weise gebildet, daß die Vokale der voces memoriales Quantität und Qualität (a, i, e, o) sowohl der Prämissen als des sich ergebenden Schlußsatzes anzeigen, während die Anfangskonsonanten der Reihenfolge des Alphabetes folgen; die übrigen sind willkürlich gewählt zur Ergänzung irgend eines lateinischen Wortes.

**Anmerkung 2.** Der Beweis sowohl für die Richtigkeit der beiden Regeln als für die Giltigkeit der vier Modi ergibt sich mit Leichtigkeit aus der Vergleichung der Sphären ganz nach Analogie der Sphärenvergleichung in § 46. Dieselbe überlassen wir jedoch bei dieser und den folgenden Figuren dem Leser zu eigener Ausführung. Dagegen geben wir zu jedem der vier Modi ein Beispiel, wobei wir jedesmal den Untersatz dem Obersatz voranstellen (dasselbe gilt von den Beispielen zu den übrigen Figuren):

ad 1. Alle Sklaven sind Menschen.
Alle Menschen haben ein Recht auf Freiheit.
Also haben alle Sklaven ein Recht auf Freiheit.

ad 2. Alles Gute ist erfreulich.
Nichts Erfreuliches ist häßlich.
Also ist nichts Gutes häßlich.

ad 3. Einige Gedichte Bürgers sind gemein.
Alles Gemeine verdient vergessen zu werden.
Also verdienen einige Gedichte Bürgers vergessen zu werden.

ad 4. Einige geometrische Sätze sind Axiome.
Kein Axiom ist beweisbar.
Also sind einige geometrische Sätze nicht beweisbar.

## § 48. Zweite Figur.

Die allgemeinen Regeln der zweiten Figur nach der Form P M sind: 1. Der Obersatz muß allgemein und 2. eine

$$\frac{S\ M}{S\ P}$$

der Prämissen muß verneinend sein. Dadurch fallen 4 Modi für diese Figur weg, nämlich i a und o a durch die erste, und a a und a i durch die zweite Regel, und es bleiben auch hier nur vier Modi übrig, welche logisch giltige Schlußsätze ergeben:
1. aus P e M folgt S e P — Cesare; 2. aus P a M folgt
    S a M                                       S e M
S e P — Camestres; 3. aus P e M folgt S o P — Festino,
                                                S i M
und 4. aus P a M folgt S o P — Baroco. Cesare und Ca-
                       S o M
mestres lassen sich mit einander vertauschen, d. h. es können dieselben Prämissen für beide Modi benützt werden.

**Anmerkung 1.** Den Beweis für die Richtigkeit der Modi dieser und der folgenden Figuren hat Aristoteles geführt durch Reduktion derselben auf die Modi der ersten Figur. Mit Beziehung darauf sind auch die scholastischen Namen für diese und alle noch folgenden Modi gebildet: die Vokale bezeichnen wieder Qualität und Quantität, der Anfangskonsonant ist derselbe, wie derjenige des Modus der ersten Figur, auf den der vorliegende Modus zurückgeführt wird, und der zweite (oder dritte) Konsonant deutet die Art und Weise der Reduktion an. Diese geschieht nämlich entweder durch conversio simplex (s) oder durch conversio per accidens (p) oder durch metathesis praemissorum (m) oder durch ductio per contradictoriam propositionem (c), d. h. durch Annahme des dem Schlußsatz kontradiktorisch entgegengesetzten Urteils. Einfacher als dieses scholastische Beweisverfahren ist aber auch hier wie für die übrigen Modi die Veranschaulichung durch Kreise.

**Anmerkung 2.** Daß Cesare und Camestres mit einander vertauscht werden können, mag folgendes Beispiel zeigen:
    Alles echt Poetische ist schön.
    Nichts Gemeines ist schön.
Daraus folgt nach Cesare: Nichts echt Poetisches ist gemein; nach Camestres: nichts Gemeines ist echt poetisch.

Beispiel zu Festino:
> Einige unter Vergil's Namen überlieferte Dichtungen sind übermütig-lustig.
> Keine echte Dichtung Vergils ist übermütig-lustig.
> 
> Also sind einige unter Vergils Namen überlieferte Dichtungen keine echten Dichtungen Vergils.

Zu Baroco:
> Einiges von Somnambülen Überlieferte ist nicht unglaublich.
> Alles Wunderbare ist unglaublich.
> 
> Also ist einiges von Somnambülen Überlieferte nicht wunderbar.

## § 49. Dritte Figur.

Das Schema der dritten Figur ist $\frac{M\ P.}{S\ P}$ Hier muß
der Untersatz bejahend sein; dadurch fallen die zwei Modi a e und a o weg, und es bleiben 6 Modi, aus denen sich giltige Schlüsse ableiten lassen: 1. aus M a P folgt S i P — Darapti; 
2. aus $\underset{M\ a\ S}{M\ e\ P}$ folgt S o P — Felapton; 3. aus $\underset{M\ a\ S}{M\ i\ P}$ folgt S i P — Disamis; 4. aus M a P folgt S i P — Datisi; 5. aus $\underset{M\ a\ S}{M\ i\ S}$ M o P folgt S o P — Bocardo; und 6. aus $\underset{M\ i\ S}{M\ e\ P}$ folgt S o P — Ferison. In Disamis und Datisi kann aus denselben Prämissen geschlossen werden. In Darapti lassen sich die Prämissen vertauschen, so daß der Obersatz Untersatz wird und umgekehrt, und ergeben dann ebenfalls einen Schlußsatz i, aber in der Form P i S.

**Anmerkung.** In dem Beispiel:
> Alle der Hexerei angeklagten waren unschuldig.
> Einige der Hexerei angeklagte hielten sich für schuldig.

folgt nach Disamis:
> Einige unschuldige hielten sich für schuldig,

nach Datisi:
> Einige, die sich für schuldig hielten, waren unschuldig.

Beispiel zu Darapti:
> Alle Walfische sind Wassertiere.
> Alle Walfische bringen lebendige Junge zur Welt.
> ___
> Also bringen einige Wassertiere lebendige Junge zur Welt.

Zu Felapton:
> Alle guten Lustspiele sind witzig.
> Kein gutes Lustspiel ist gemein.
> ___
> Also ist einiges Witzige nicht gemein.

Zu Bocardo:
> Alle Visionen sind Sinnestäuschungen.
> Einige Visionen sind nicht ohne Einfluß auf den Entwicklungsgang der Menschheit geblieben.
> ___
> Also sind einige Sinnestäuschungen nicht ohne Einfluß auf den Entwicklungsgang der Menschheit geblieben.

Zu Ferison:
> Einige Naturgesetze sind Sprachgesetze.
> Kein Naturgesetz ist Sache der menschlichen Willkür.
> ___
> Also sind einige Sprachgesetze nicht Sache der menschlichen Willkür.

## § 50. Vierte Figur.

Die vierte Figur oder zweite Abteilung der ersten Hauptfigur (s. § 45) hat das Schema: $\frac{P\ M}{S\ P}$. Hier darf 1. keine Prämisse partikulär verneinen, wodurch die Modi a o und o a wegfallen, und 2. ist die Kombination eines allgemein bejahenden Obersatzes mit einem partikulär bejahenden Untersatz logisch unstatthaft, so daß also a i wegfällt und fünf Modi mit giltigem Schlußsatz übrig bleiben: 1. aus P a M folgt S i P — Bamalip; 2. aus P a M folgt S e P — Calemes; 3. aus P i M folgt $\frac{M\ a\ S}{M\ e\ S}$

S i P — Dimatis;  4. aus P e M folgt S o P — Fesapo; und
                  M a S

5. aus P e M folgt S o P — Fresison.
    M i S

**Anmerkung 1.** Die Richtigkeit der zweiten Regel, daß in dieser Figur ein allgemein bejahender Obersatz zusammen mit einem partikulär bejahenden Untersatz keinen giltigen Schlußsatz ergebe, ist aus der folgenden Sphärenvergleichung ersichtlich:

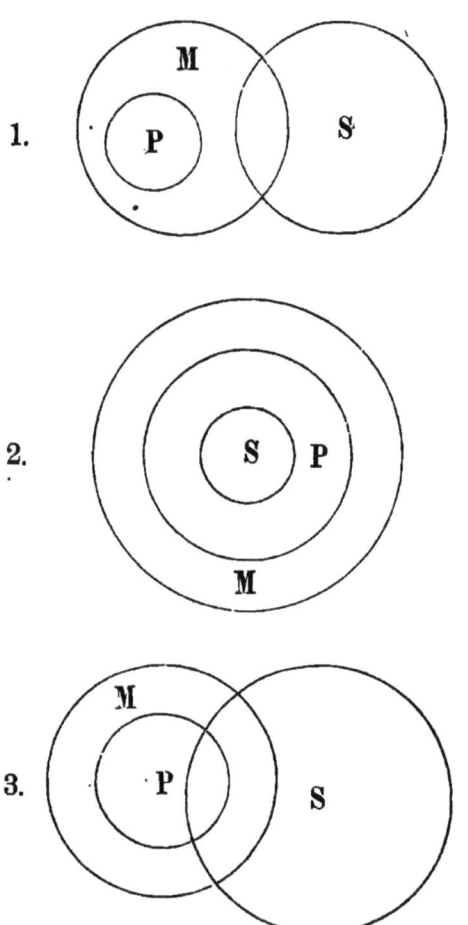

Jedesmal sind alle P M und einige M S, aber das erste Mal ist kein S P, das zweite Mal sind alle S P und das dritte Mal sind einige S P.

**Anmerkung 2.** In dem Beispiel:

Alle Fanatiker sind gewaltthätig.

Jeder Gewaltthätige ist bereit, andere zu unterdrücken,

folgt nach Barbara in der ersten Figur:

Alle Fanatiker sind bereit, andere zu unterdrücken;

dagegen würde aus denselben Prämissen nach Bamalip der vierten Figur der Satz folgen:

Einige, die bereit sind, andere zu unterdrücken, sind Fanatiker.

Beispiel zu Calemes:

Kein wahrer Künstler ist phantasielos.
Alle großen Dichter sind wahre Künstler.

Also ist kein Phantasieloser ein großer Dichter.

Zu Dimatis:

Alle Tragödien sind Dramen.
Einige Dichtungen Schillers sind Tragödien.

Also sind einige Dramen Dichtungen Schillers.

Zu Fesapo:

Alle Ellipsen sind Kegelschnitte.
Keine nicht in sich zurücklaufende Kurve ist eine Ellipse.

Also sind einige Kegelschnitte keine nicht in sich zurücklaufende Kurven.

Zu Fresison:

Einiges Kleine ist schön.
Nichts Tragisches ist klein.

Also ist einiges Schöne nicht tragisch.

## § 51. Allgemeine Bemerkungen zu den vier Figuren.

Die Regel: conclusio sequitur partem debiliorem, beruht auf der Wahrnehmung, daß, wenn eine Prämisse negativ oder partikulär ist, auch der Schlußsatz negativ oder partikulär sein muß; dazu muß man aber noch ergänzend beifügen, daß, wenn beide Prämissen affirmativ sind, der Schlußsatz auch affirmativ sein muß; wenn aber beide allgemein sind, er entweder allgemein oder partikulär sein kann.

Die erste Figur ist die wertvollste, schon deshalb, weil hier allein ein allgemein bejahender Schlußsatz abgeleitet werden kann.

Die zweite Figur, die nur negative Resultate ergibt, paßt für die Fälle, wo es sich um Scheidung, Trennung, Kritik handelt.

Die dritte Figur, in der sich nur partikuläre Schlußsätze finden, gibt uns Aufschluß über die Vereinbarkeit oder Unzusammengehörigkeit gewisser Vorstellungen und zeigt unbewiesene allgemeine Urteile in ihrer Nichtberechtigung auf.

Von den Schlüssen der vierten Figur dagegen ist nicht zu leugnen, daß sie meist etwas Erzwungenes und Unnatürliches haben, namentlich im Vergleich mit der ersten Figur; cfr. die Beispiele in § 50, Anm. 2.

Hinsichtlich der Modalität des Schlußsatzes gilt wiederum: conclusio sequitur partem debiliorem; übrigens wird bei richtigem Gebrauch des Syllogismus der Untersatz immer assertorisch sein.

Daß sich vermöge der Subalternation (§ 39) und modalen Konsequenz (§ 43) immer auch unmittelbar weitere Schlüsse aus allgemeinen (z. B. aus barbara barbari), apodiktischen und assertorischen Konklusionen ableiten lassen, versteht sich von selbst.

**Anmerkung 1.** Versus memoriales für die Namen der sämtlichen Modi:

> Barbara, Celarent primae, Darii Ferioque.
> Cesare, Camestres, Festino, Baroco secundae.
> tertia grande sonans recitat Darapti, Felapton,
> Disamis, Datisi, Bocardo, Ferison. quartae
> sunt Bamalip, Calemes, Dimatis, Fesapo, Fresison.

**Anmerkung 2.** Nicht wesentlich verschieden von den bisherigen Schlüssen sind diejenigen, in welchen an die Stelle eines Begriffs, der in der einen Prämisse (Grundurteil) nicht Subjekt oder Prädikat, sondern nur Objekt oder Attribut ist, in der zweiten (Hilfsurteil) ein anderer Begriff substituiert und daraus dann geschlossen wird, z. B.:

Substituierung eines Objekts:

> Die Sonne erleuchtet die Planeten.
> Die Erde ist ein Planet.
> ———————————————
> Also erleuchtet die Sonne die Erde.

Substituierung eines Attributs:
> Die in der gemäßigten Zone liegenden Länder haben ein für ihre Bewohner günstiges Klima.
> Alle süd- und mitteleuropäischen Länder liegen in der gemäßigten Zone.
>
> Also haben die süd- und mitteleuropäischen Länder ein für ihre Bewohner günstiges Klima.

### § 52. Hypothetische Schlüsse.

Unter den einfachen Schlüssen sind weiter von besonderer Wichtigkeit die hypothetischen, d. h. die Schlüsse mit hypothetischen Prämissen. Im Prinzip unterscheiden sie sich nicht vom kategorischen Schluß, zeigen im Gegenteil noch deutlicher als dieser das Wesen des Syllogismus. Der rein-hypothetische Schluß, welcher aus lauter hypothetischen Urteilen besteht, beruht (bei Umstellung der Prämissen) auf dem Gedanken, daß, wenn ein Satz einen zweiten und dieser zweite einen dritten zur Folge hat, der erste auch den dritten zur Folge haben muß, nach dem Schema:

> wenn S ist, ist M,
> wenn M ist, ist P,
>
> also wenn S ist, ist auch P.

> Wenn Schallwellen unser Ohr treffen, setzen sie den Gehörnerv in Schwingung.
> Wenn der Gehörnerv in Schwingung versetzt wird, so hören wir Töne oder Geräusche.
>
> Also wenn Schallwellen unser Ohr treffen, so hören wir Töne oder Geräusche;

oder negativ:
> Wenn die Regierung schlecht ist, herrschen die Gesetze nicht.
> Wenn die Gesetze nicht herrschen, findet der Schwache sein Recht nicht[1]).
>
> Also wenn die Regierung schlecht ist, findet der Schwache sein Recht nicht.

---

1) Nur bei einer ganz äußerlichen Betrachtungsweise könnte man diese

Diese Schlüsse ergeben entweder absolut notwendiges (den allgemeinen Urteilen entsprechend), oder, wie im folgenden Beispiel der dritten Figur, nur mögliches, entsprechend den partikulären Urteilen:

> Wenn persuadere heißt: einen überreden, etwas zu thun, so folgt ut c. conjunct. darauf.
> Wenn persuadere heißt: einen überreden, etwas zu thun, so ist der davon abhängige Satz ein Aufforderungssatz.
> Also einigemale, wenn ut c. conj. steht, haben wir einen Aufforderungssatz, s. v. a.: ein Satz mit ut c. conj. kann ein Aufforderungssatz sein.

Im g e m i s ch t ≈ hypothetischen Schluß ist der Obersatz hypothetisch, der Untersatz und dem entsprechend auch der Schlußsatz kategorisch. Diese beiden letzteren Sätze sagen etwas aus über die empirische Thatsächlichkeit. Dabei schließt man entweder nach dem modus ponens in der ersten Figur von der Thatsächlichkeit der Bedingung auf die des Bedingten (posita conditione ponatur conditionatum), nach dem Schema:

> wenn A ist, so ist B.
> Nun ist A,
> also ist auch B.
>
> Wenn die Auslieferung des Attentäters verweigert wird, so erleidet unsere Freundschaft einen Riß.
> Nun wird sie verweigert (ist verweigert worden).
> Also erleidet unsere Freundschaft einen Riß (hat — erlitten);

oder man schließt nach dem modus tollens in der zweiten Figur von der Verneinung der Thatsächlichkeit des Bedingten auf die Verneinung der Thatsächlichkeit der Bedingung (sublato conditionato tollatur conditio), nach dem Schema:

---

Prämisse für negativ halten und daher glauben, der Schluß verstoße gegen die Regel: ex mere negativis nihil sequitur, § 46, 1.

wenn A ist, so ist B.
Nun ist B nicht,
also ist auch A nicht.

Wenn ein Satz mit priusquam eine Absicht in sich schließt, so steht darin der Konjunktiv.
Nun steht in diesem Satz mit priusquam der Konjunktiv nicht.
Also schließt er auch keine Absicht in sich.

Denn bejahe ich den Grund, so ist damit auch die Folge bejaht; hebe ich diese auf, so ist damit auch jener aufgehoben. Nicht aber wird mit Aufhebung des Grundes notwendig auch die (vielleicht verschiedene Ursachen habende) Folge oder Wirkung aufgehoben, noch mit Setzung dieser auch jener eine Grund gesetzt. Mit der dritten und vierten Figur läßt sich hier überhaupt nicht operieren, weil in diesen beiden Figuren, wo M im Untersatz Subjekt ist, im gemischt hypothetischen Schluß über die Thatsächlichkeit von M, nicht aber über die von S oder P, um die es allein zu thun ist, etwas ausgesagt würde; oder weil M der Bedingung entspricht, diese aber im Untersatz fehlt, der Schluß somit ohne Vermittlung wäre.

Von besonderer Wichtigkeit sind hier die Schlüsse über die conditio sine qua non. — Aus dem negativen Obersatz: wenn A nicht ist, so ist auch B nicht, schließt man entweder: A ist nicht, also ist auch B nicht; oder: B ist, also ist auch A; z. B.:

Wenn dieser Paragraph nicht angenommen wird, so können wir für das ganze Gesetz nicht stimmen.
Nun wurde dieser Paragraph nicht angenommen.
Also können wir für das ganze Gesetz nicht stimmen.

Oder: Wenn der Himmel nicht klar ist, so fällt kein Thau.
Nun ist heute Nacht Thau gefallen.
Also muß der Himmel klar gewesen sein.

## § 53. Disjunktive Schlüsse.

Die disjunktiven Schlüsse im weiteren Sinn, z. B. von der Form:

$$M \text{ ist entweder } P_1 \text{ ober } P_2,$$
$$\underline{S \text{ ist } M,}$$
$$\text{Also ist } S \text{ entweder } P_1 \text{ ober } P_2.$$

Dieser Körper ist ein Element.
Jedes Element ist entweder ein Metall oder ein Metalloid.

Also ist dieser Körper entweder ein Metall oder ein Metalloid,

bieten nichts Besonderes dar. Wichtig sind dagegen die disjunktiven Schlüsse im engeren Sinn, in welchen eben die Disjunktion zum Schlusse benützt wird, nach der Form:

$$A \text{ ist entweder } B \text{ ober } C.$$
$$\underline{\text{Nun ist } A \, B,}$$
$$\text{also ist } A \text{ nicht } C.$$

Dieser Himmelskörper ist entweder ein Planet oder ein Fixstern.
Nun ist er ein Planet.

Also ist er kein Fixstern;

oder
$$A \text{ ist entweder } B \text{ ober } C.$$
$$\underline{\text{Nun ist } A \text{ nicht } B.}$$
$$\text{Also ist } A \, C.$$

Die Interferenzerscheinungen müssen sich entweder durch die Emanations- oder durch die Undulationshypothese erklären lassen.
Nun lassen sie sich durch die Emanationshypothese nicht erklären.

Also müssen sie sich durch die Undulationshypothese erklären lassen.

Diese Schlüsse können auf die gemischt hypothetischen zurückgeführt werden, weshalb man auch hier einen modus (ponendo) tollens und einen modus (tollendo) ponens unterscheidet. Disjunktive und hypothetische Schlüsse lassen sich auch verbinden. — Noch besonders zu erwähnen ist das sogenannte Di- (Tri-, Poly-) lemma (complexio), in welchem aus der Verneinung aller möglichen Fälle auf die Verneinung der Thatsächlichkeit des Grundes nach der zweiten Figur geschlossen wird. Seine verschiedenen Formen sind:

> Wenn A ist, ist entweder B oder C.
> Nun ist weder B noch C,
> ——————————————
> also ist auch A nicht.

Wenn die Todesstrafe abzuschaffen wäre, müßte sie der Staat entweder gänzlich entbehren oder genügend ersetzen können.

Nun aber kann er sie weder gänzlich entbehren (Notwehr) noch genügend ersetzen (Rechtsbewußtsein des Volkes).
——————————————
Also ist die Todesstrafe nicht abzuschaffen;

oder auch kategorisch:

> A ist entweder B oder C.
> Nun ist D weder B noch C,
> ——————————————
> also ist D nicht A.

Die Größe eines Mannes zeigt sich entweder in den idealen Beweggründen seines Handelns oder in bleibend segensreichen und wirklich beabsichtigten Nachwirkungen desselben.

Napoleon I. hatte weder ideale Beweggründe noch hinterließ er solche bleibend segensreiche Nachwirkungen.
——————————————
Also ist Napoleon I. kein wirklich großer Mann gewesen.

Oder:
> Wenn A ist, ist weder B noch C.
> Nun ist entweder B oder C,
> ——————————————
> also ist A nicht.

Wenn ich mit dem Bauern ziehe, so wird weder meine Königin gedeckt noch dem feindlichen König Schach geboten.

Nun muß ich entweder meine Königin decken oder dem feindlichen König Schach bieten.

Also darf ich nicht mit dem Bauern ziehen;

oder auch kategorisch:

A ist weder B noch C.
Nun ist D entweder B oder C,

also ist D nicht A.

Ein guter Komiker ist weder langweilig noch gemein.
Dieser Schauspieler ist entweder langweilig oder gemein.

Also ist dieser Schauspieler kein guter Komiker.

Das Dilemma, das von manchen Logikern auch in weiterem Sinne gefaßt wird, ist besonders im indirekten Beweis von Wert, in dem ja eben alle andern außer der richtigen Annahme ausgeschlossen werden, z. B.:

Wenn zwei Linien m und n ungleich sind, so ist m entweder größer oder kleiner als n.
Nun ist m weder größer noch kleiner als n,

also sind m und n nicht ungleich, m ist = n;

oder das bekannte Leibniz'sche Dilemma:

Wenn die existierende Welt nicht die beste unter allen möglichen Welten wäre, so hätte Gott die beste entweder nicht gekannt, oder nicht schaffen können, oder nicht schaffen wollen.
Nun aber hat Gott die beste Welt weder nicht gekannt (Weisheit), noch nicht schaffen können (Allmacht), noch nicht schaffen wollen (Güte).

Also ist die existierende die beste unter allen möglichen Welten.

Übrigens hat das Dilemma zu vielen unnützen Spielereien in der Logik verführt, cfr. die Geschichte vom Krokodil und der

Mutter, die ihr Kind zurückerhalten soll, wenn sie errät, was das Krokodil thun wird, und daher sagt: du wirst mir mein Kind nicht zurückgeben; und ähnliches mehr.

### § 54. Zusammengesetzte und verkürzte Schlüsse.

Zusammengesetzte Schlüsse sind Kombinationen mehrerer Syllogismen mittelst gemeinsamer Glieder. Sind diese vollständig ausgedrückt, so entsteht die Schlußkette, wobei jedesmal der Schlußsatz des vorangehenden Syllogismus (des Prosyllogismus) Prämisse im nachfolgenden (im Episyllogismus) wird. Wenn man, statt episyllogistisch oder progressiv vorwärts zu schließen, nachträglich eine der beiden Prämissen eines Syllogismus durch einen Schluß beweist, so nennt man dieses Verfahren prosyllogistisch oder regressiv. Das Schema für jenes Verfahren ist:

$$\frac{\begin{array}{c}S \text{ ist } M\\ M \text{ ist } P\end{array}}{S \text{ ist } P}$$

$$\frac{\begin{array}{c}S \text{ ist } P\\ P \text{ ist } Z\end{array}}{S \text{ ist } Z.} \quad \text{oder:} \quad \frac{\begin{array}{c}S \text{ ist } P\\ Z \text{ ist } S\end{array}}{Z \text{ ist } P.}$$

Das Mißgeschick, das den Tugendhaften trifft, dient zu seiner Übung oder Besserung.
Was zur Übung oder Besserung dient, fördert.

Das Mißgeschick, das den Tugendhaften trifft, fördert.

Was fördert, ist gut.

Das Mißgeschick, das den Tugendhaften trifft, ist gut.

oder anders gewendet:

Was übt oder bessert, fördert.
Was fördert, ist gut.

Was übt oder bessert, ist gut.

Das Mißgeschick, das den Tugendhaften trifft, dient zu seiner Übung oder Besserung.

Also ist das Mißgeschick, das den Tugendhaften trifft, gut.

Das Schema des regressiven Verfahrens ist:

S ist P
P ist Z
---
S ist Z.

S ist M
M ist P
---
S ist P.

quod bonum est, omne laudabile est.
quod autem laudabile est, omne honestum est.
---
bonum igitur quod est, honestum est.

Und nun: quod bonum est, id est optabile et expetendum.
quod autem optabile et expetendum est, omne laudabile est.
---
quod igitur bonum est, omne laudabile est.

Unterläßt man es, beim progressiven Verfahren den Schlußsatz des ersten Syllogismus auszusprechen, so daß also im zweiten Syllogismus eine der Prämissen fehlt, so erhält man die verkürzte Schlußkette oder den Kettenschluß (Sorites). Wäre der unterdrückte Schlußsatz des ersten Syllogismus Untersatz im zweiten, so erhält man für den Sorites die Form:

S ist M     oder     A ist B
M ist P              B ist C
P ist Z              C ist D
---                  ---
S ist Z              A ist D.

Der Brillant ist Diamant.
Diamant ist Kohlenstoff.
Kohlenstoff ist ein Metalloid.
---
Also ist der Brillant ein Metalloid,

wobei die Umstellung der Prämissen stattfindet. Dies ist der so=

genannte **Aristotelische** Sorites, der vom niedereren Begriff fortschreitet zum höheren. Die andere Form, in welcher der unterdrückte Schlußsatz Obersatz im zweiten Syllogismus würde und die gewöhnliche Stellung der Prämissen mit dem Obersatz an erster Stelle beibehalten wird, heißt nach ihrem Erfinder, dem Professor Rud. Goclenius in Marburg (1598), der **Goklenische** Sorites. Das Schema hiefür ist:

$$\begin{array}{c} C \text{ ist } D \\ B \text{ ist } C \\ \underline{A \text{ ist } B} \\ A \text{ ist } D, \end{array}$$

Die Waltiere sind Seesäugetiere.
Die Delfine gehören zu den Waltieren.
Der Schwertfisch ist ein Delfin.

Also ist der Schwertfisch ein Seesäugetier,

oder aus denselben Prämissen wie oben:

Kohlenstoff ist ein Metalloid.
Diamant ist Kohlenstoff.
Der Brillant ist Diamant.

Also ist der Brillant ein Metalloid.

Hier schreitet man vom allgemeinen zum minder allgemeinen fort.

Eine solche Weglassung einer der beiden Prämissen findet übrigens auch beim einfachen Schluß statt, und dieser heißt dann, wenn eine der beiden Prämissen subintelligiert werden muß, **Enthymēm** ($\dot{\varepsilon}\nu\vartheta\dot{\upsilon}\mu\eta\mu\alpha$); z. B.: In diesem Satz muß der Konjunktiv stehen, denn es ist ein finaler Relativsatz. Hier fehlt der Obersatz: in allen finalen Relativsätzen steht (im Lateinischen) der Konjunktiv. Eben dieser verkürzten Form des Schlusses, welche im gewöhnlichen Leben so überaus häufig ist (Sätze mit denn, weil u. s. w.), steht der streng logische Syllogismus normierend und warnend zur Seite. Wenn an die Stelle einer Kette ein einfacher Schluß tritt, in welchem eine Prämisse statt durch einen zweiten Schluß durch ein Nebenglied begründet wird, so heißt eine solche verkürzte Schlußkette **Epicheirēm** ($\dot{\varepsilon}\pi\iota\chi\varepsilon\dot{\iota}\varrho\eta\mu\alpha$), das also ein vollständiger Schluß nebst einem Enthymem ist; z. B.:

Grillparzers Ahnfrau ist eine moderne Schicksalstragödie.
Alle modernen Schicksalstragödien sind uns unsympathisch; denn wir glauben nicht mehr an ein solches alles beherrschendes und bestimmendes Schicksal.

Also ist uns Grillparzers Ahnfrau unsympathisch.

## § 55. Schlußfehler.

Schlußfehler sind teils unabsichtliche — Fehlschlüsse oder paralogismi, teils absichtliche — Trugschlüsse oder sophismata. Natürlich gibt es unendlich viele Schlußfehler, und es können daher nur die hauptsächlichsten Fehlerquellen genannt werden. Abgesehen von den Verstößen gegen die allgemeinen Regeln (§ 46), wie gegen die speziellen Regeln der einzelnen Figuren (§§ 47—50), lassen sich folgende besonders häufig vorkommende Fehler hervorheben:

1. Zu Fehlern kann einer der in den Prämissen gebrauchten termini verführen, welcher in Folge von Homonymie, Amphibolie oder dergl. falsch verstanden wird — fallaciae secundum dictionem —, z. B. das bekannte:

Herodes war ein Fuchs.
Alle Füchse haben Schwänze.

Also hatte Herodes einen Schwanz;

oder: Alle Projektenmacher sind Schwindler.
Lesseps hat das Projekt zum Suezkanal gemacht.

Also ist Lesseps ein Schwindler;

oder welcher durch Verwechslung von Wesentlichem mit Unwesentlichem, absolut Hingestelltem mit relativ Gemeintem zu unberechtigten Schlüssen verleitet — fallaciae extra dictionem, z. B.:

Was in Stuttgart ist, ist nicht in Frankfurt.
Nun ist in Stuttgart Tag.

Also ist in Frankfurt nicht Tag.

In diesen Fällen haben wir es fast immer mit einer sogenannten quaternio terminorum zu thun.

2. Im gemischt hypothetischen Syllogismus ist der Schluß de consequente ad antecedens falsch (cfr. § 52), z. B.:

Wenn die Prämissen wahr sind, muß auch der Schluß=
satz wahr sein.
Nun ist in dem vorliegenden Syllogismus der Schluß=
satz wahr.

Also müssen auch die Prämissen wahr sein.

Daß dieser Satz falsch ist, mag folgender Syllogismus erweisen:

Alle gut bezeugten Thatsachen der Geschichte sind mythisch.
Tells Apfelschuß ist eine gut bezeugte Thatsache der Geschichte.

Also ist Tells Apfelschuß mythisch.

Hier sind beide Prämissen falsch und die Konklusion doch richtig. Somit gilt das Gesetz: **wenn die Prämissen materiell wahr sind, muß der logisch richtig abgeleitete Schluß=satz auch wahr sein; dagegen folgt aus der materiellen Wahrheit des Schlußsatzes nicht ohne weiteres auch die der Prämissen** (cfr. § 52, S. 59).

3. Im disjunktiven Schluß ist eine ungenaue oder unvoll=ständige Disjunktion fehlerhaft, z. B.:

Alle Dramen sind entweder Tragödien oder Komödien.
Schillers Tell ist keine Tragödie.

Also ist er eine Komödie.

4. In zusammengesetzten Schlüssen hat man sich vor dem sogenannten saltus in demonstrando zu hüten, z. B.:

Herodot ist ein durchaus ehrenwerter Charakter.
Jeder ehrenwerte Charakter will die Wahrheit sagen.
Was Herodot als Augenzeuge erzählt, ist somit durch=
aus glaubwürdig.
Nun erzählt er eine Reihe von Wundern.

Also sind die von Herodot erzählten Wunder durch=
aus glaubwürdig.

Aber war Herodot wirklich Augenzeuge bei den von ihm erzählten Wundern? Hier liegt eben der saltus.

## 2. Die Induktion.

### § 56. Form und Arten der Induktion.

Die Induktion ($\dot{\epsilon}\pi\alpha\gamma\omega\gamma\dot{\eta}$) ist der Schluß vom Einzelnen, empirisch=Vielen auf das Allgemeine, absolut Notwendige, nach der Form:

Sowohl $M_1$ als $M_2$ als $M_3$ . . . ist P.
Sowohl $M_1$ als $M_2$ als $M_3$ . . . ist S.

Also ist S auch P.

Aus den beiden Prämissen würde sich syllogistisch nach dem Modus Darapti der dritten Figur nur ergeben: einige S sind P. Nur in dem einen Grenzfall, wenn im Untersatz die aufgezählten M den ganzen Umfang von S ausfüllen, so daß derselbe rein konvertiert werden könnte, würde sich durch Zurückführung auf Barbara jener allgemeine Schlußsatz ableiten lassen. Diese letztere Art hat man daher die vollständige Induktion genannt. In Wahrheit ist dies aber überhaupt keine Induktion mehr, sondern Syllogismus, und diese Form wird daher mit Recht ausgeschlossen von der Induktion, welche also nur als unvollständige selb=ständige Bedeutung hat, da bei ihr im Schlußsatz mehr enthalten ist als in den Prämissen. Schließt man also:

Sowohl Merkur als Venus als Erde als Mars als Jupiter als Saturn bewegen sich um die Sonne.
Sowohl Merkur als Venus als Erde als Mars als Jupiter als Saturn sind Planeten.

Also bewegen sich alle alten Planeten um die Sonne,

so ist dies eine vollständige Induktion, d. h. in Wirklichkeit ein Syllogismus; denn die aufgezählten sechs Planeten sind eben alle alten Planeten. Unvollständig dagegen, d. h. zur Induktion im wirklichen Sinn wird der Schluß aus denselben Prämissen, wenn ich folgere:

Also bewegen sich alle Planeten um die Sonne.

Eine Thatsache, welche als Ausnahme die Giltigkeit des allgemeinen Schlußsatzes aufhebt oder umstößt, heißt negative Instanz.

## § 57. Berechtigung und Wert des induktiven Schließens.

Die Induktion als sogenannte unvollständige beruht auf dem Gedanken, daß, was in vielen Fällen stattfinde, überhaupt in allen Fällen ähnlicher Art stattfinden werde, oder was einem großen Teil von Individuen zukomme, allen Individuen ähnlicher Art oder derselben Klasse zukommen werde; sie setzt also vor allem gut gebildete Begriffe voraus. Zu dieser Annahme nun ist der Mensch berechtigt durch die Wahrnehmung einer gewissen Gleichförmigkeit in der Natur und das darauf gebaute Postulat der Notwendigkeit des Gegebenen, der auf Kausalität beruhenden allgemeinen Gesetzmäßigkeit; ohne diese Annahme, von der wir hier nicht zu untersuchen haben, ob sie selbst wieder auf Induktion beruhe oder ein apriorisches Gesetz des Denkens sei, ist eine Induktion überhaupt nicht möglich, und daher konnte erst die neuere Zeit (seit Baco von Verulam) die Induktion dem Syllogismus als gleichberechtigt zur Seite stellen; ihr verdankt man aber auch den großen Aufschwung der Naturwissenschaften seit jenen Tagen. Nun aber fragt es sich in jedem einzelnen Fall: findet hier Gesetzmäßigkeit statt? Ehe dies jedes Mal entschieden ist, gibt die Induktion auch einer noch so großen Anzahl von Fällen nie apodiktische Gewißheit, sondern als inductio simplex (inductio per enumerationem simplicem) nur einen wenn auch noch so hohen Grad von Wahrscheinlichkeit (cfr. z. B. die beiden Sätze mit einander: alle Raben sind schwarz, und alle Schwäne sind weiß); durch eine einzige negative Instanz kann hier das allgemeine Urteil als unberechtigt umgestoßen werden (schwarze Schwäne!). Wo diese Frage zum voraus entschieden ist, wie in der Mathematik, da findet überhaupt keine Induktion statt; denn die Giltigkeit der obersten mathematischen Grundsätze und Axiome beruht nicht auf Induktion, wenn sie uns auch erst auf empirischem Wege durch sie zum Bewußtsein gebracht werden können, sondern auf einer unserem Geiste immanenten Nötigung, sie anzuerkennen. Wo immer aber diese Frage gestellt wird, da ist die Induktion am Platze; denn ihr Hauptgeschäft ist es, zu Ursachen die Wirkungen, zu Wirkungen die Ursachen zu suchen; und die Logik soll zeigen, wie sie diesem Geschäfte sich unterzieht und wie sie dieses Resultat erreichen kann.

**Anmerkung.** Selbstverständlich läßt sich die Lehre von der Induktion nicht wie die Syllogistik in Formeln einzwängen, wenn sie nicht pedantisch werden will, sondern bewegt sich — und nicht zu ihrem Schaden — freier als jene.

### § 58. Hilfsmittel der Induktion.

Über die Frage, ob in einem bestimmten Fall Gesetzmäßigkeit stattfinde? und welche?, gibt zunächst die Zeitfolge einen Anhaltspunkt. Dieselbe kann aber täuschen, da nicht jedes post hoc ein propter hoc ist, und da neben der Succession der Wirkung auch die Koexistenz von Ursache und Wirkung, beruhend auf einem kausalen Wesensverhältnis, wenigstens für uns vorhanden sein kann. Daher bedarf es zu ihrer Beantwortung als Hilfsmittel sowohl für die Auffindung neuer als auch für den Beweis vorhandener Gesetze der Beobachtung und des Experiments. Beide beruhen bei der Vielheit der jeder Wirkung vorangehenden Antecedentien und der jeder Ursache folgenden Erscheinungen auf der Abänderung der Umstände. Diese ist beim Experiment, wo wir die Umstände willkürlich hervorrufen und abändern können, weit mannigfaltiger und sicherer zu bewerkstelligen als bei der Beobachtung, wo uns die Umstände jedes Mal gegeben sind. Da das Experiment aber nur beim Suchen der Wirkungen von einer gegebenen Ursache aus angewendet werden kann, dagegen beim Rückgang von einer gegebenen Wirkung auf die unbekannte Ursache derselben seine Hilfe versagt, so ist die Beobachtung das umfassendere Hilfsmittel, das freilich für sich allein nur ein Antecedens als unveränderliches erweisen, dasselbe aber niemals ohne das Experiment als wirkliche Ursache aufzeigen kann. Gut beobachten läßt sich eigentlich weder lehren noch lernen, da es wesentlich Sache des Talentes und des Taktes ist; doch lassen sich eine Reihe von Regeln ebensowohl dafür aufstellen, wie man richtig beobachten, als wie man richtig experimentieren soll.

## § 59. Regeln für die Induktion.

1. Nach der Methode der Übereinstimmung muß man diejenige Naturerscheinung, deren Ursache (resp. Wirkung) man aufsuchen will, unter möglichst veränderten Umständen wieder und wieder beobachten. Derjenige Umstand, in welchem alle beobachteten Fälle übereinstimmen, wird die Ursache (resp. Wirkung) der zu erforschenden Erscheinung oder ein Teil derselben sein oder sie enthalten. Suchen wir also die Ursache der gegebenen Erscheinung a, so beobachten wir dieselbe kombiniert das eine Mal mit b und c, das zweite Mal mit d und e, das dritte Mal mit f und g u. s. f. Die Antecedentien von a b c seien A B C, die von a d e: A D E, und die von a f g: A F G; trotz aller Verschiedenheit und Abänderung der Umstände stimmen die jedesmal gefundenen Antecedentien überein in dem Vorhandensein von A, das somit das unabänderliche Antecedens von a, mutmaßlich dessen Ursache ist. Ganz analog ist natürlich der Schluß von A auf a. So haben z. B. alle Verbrennungsfälle, wenn sie auch sonst noch so verschieden von einander sind, unter ihren Antecedentien den Sauerstoff; Sauerstoff wird also das Verbrennungsmittel sein. Ferner stimmen alle die verschiedenen Substanzen, welche das Licht doppelt brechen, in der Eigenschaft, krystallinisch zu sein, überein. Da nun also die krystallinische Struktur unveränderliches Antecedens der doppelten Brechung des Lichtes ist, so können wir mutmaßen, daß jene die Ursache von dieser ist; da es aber andererseits krystallinische Substanzen gibt, die das Licht nicht doppelt brechen, so kommen wir zu keiner absoluten Sicherheit. Die Methode der Übereinstimmung für sich allein genügt nicht (Schranken der Statistik).

2. Nach der Differenz-Methode wird man zwei möglichst ähnliche Fälle, von denen der eine die zu erforschende Erscheinung darbietet, der andere nicht, auf ihre weitere Unähnlichkeit ansehen. Derjenige Umstand nun, in dem sie sich weiter unterscheiden, wird die gesuchte Wirkung der gegebenen Erscheinung sein. Wollen wir z. B. die Wirkung von A bestimmen, so beobachten wir zunächst einen Fall, worin A mit B und C kombiniert ist, und finden als Wirkung dieser Ursachen a b c; das zweite

Mal suchen wir B und C allein zu kombinieren, und finden als Wirkung b c ohne a; die beide Male so ziemlich ähnlichen Fälle unterscheiden sich also nur darin, daß in den Ursachen A das eine Mal eingefügt, das andere Mal weggelassen wird, und unter den Wirkungen fehlt im letzteren Falle a, das im ersten Fall sich eingestellt hatte; folglich wird a die Wirkung von A sein. Daß z. B. dieselbe Feder im gleichen Zimmer unter der Luftpumpe schneller fällt als außer derselben, kann seinen Grund nur darin haben, daß sie das eine Mal den Widerstand der Luft zu überwinden hat, das andere Mal nicht. Oder ein anderes Beispiel: Bei bewölktem Himmel bildet sich nachts kein Thau (B C — b c); wenn sich aber die Wolken auch nur für wenige Minuten verziehen, so beginnt der Absatz von Thau (A B C — a b c); und wenn sich der Himmel wieder umwölkt, hört auch die Thaubildung wieder auf (B C — b c); somit ist die Abwesenheit von Wärme ausstrahlenden Wolken die, oder doch eine der Ursachen der Thaubildung.

Diese beiden Methoden sind Eliminationsmethoden: das erste Mal wird alles eliminiert, was mit der Erscheinung in keinem Kausalzusammenhang steht; das zweite Mal wird mit der Eliminierung der Ursache (resp. der Wirkung) die Wirkung selber (resp. die Ursache) eliminiert. Jene Methode ist namentlich Sache der Beobachtung, die letztere namentlich Sache des Experimentierens, wobei in einen bekannten Kreis von Umständen ein neues Element eingeführt wird, das Veränderungen im Gefolge hat. Beide Methoden lassen sich kombinieren: wenn ein Körper B in mehreren Fällen eine bestimmte Veränderung b zeigt, nachdem in einem andern Körper A in räumlichem und zeitlichem Zusammenhang eine Veränderung a voranging; wenn sich dagegen jene Veränderung an B nicht zeigt, so lange die Veränderung a an A nicht stattfindet, so können wir schließen, daß A durch die Veränderung a an B diejenige von b bewirkt hat. So erst, wenn die zweite Methode zur ersten hinzukommt, haben wir eine Bürgschaft, daß das nach der Methode der Übereinstimmung gefundene konstante Antecedens (A a) wirklich die Ursache, nicht bloßes Antecedens ist. Schwieriger dagegen und komplizierter ist der Nachweis eines Zusammenhangs in der Richtung von der Wirkung auf die Ursache, da dieselbe Erscheinung von den verschiedensten Ursachen hervorgebracht sein kann (cfr. § 58).

Hat man mit Hilfe dieser beiden Methoden bereits eine Reihe von Induktionen gebildet, so wendet man bei einem teilweise schon bekannten Fall 3. die Methode der Rückstände an, wonach die bekannten Ursachen mit ihren bekannten Wirkungen eliminiert, und der Rest der Wirkungen auf den Rest der Ursachen zurückgeführt werden muß. Wenn also bekannt ist, daß a eine Wirkung von A, b eine solche von B und c eine von C ist, so ist in der Erscheinung a b c x das unbekannte x die Wirkung von X in der Reihe der Antecedentien A B C X. So kommt z. B. der Komet von Encke etwas früher, als sein Erscheinen nach den bekannten Gesetzen der Gravitation berechnet ist. Der in der Berechnung zurückbleibende Rest läßt sich zurückführen auf den nicht berechneten Widerstand des Mediums im Weltraum, des sogenannten Äthers. Und ebenso führte die Berechnung der Fortpflanzungsschnelligkeit des Schalls in der Luft zu Resultaten, die wohl im allgemeinen mit den Thatsachen und bekannten Gesetzen übereinstimmten; aber es blieb doch stets eine kleine Abweichung (x) im Rückstand. Dieses rückständige Phänomen wurde auf die durch die Kompression der Luftteilchen entwickelte Wärme (X) zurückgeführt, und nun erst stimmte das Resultat der Rechnung ohne Rest.

4. Wo endlich eine Erscheinung nicht befreit werden kann vom Einfluß bestimmter permanenter Agentien, da sucht man mit Hilfe der Methode der sich begleitenden Veränderungen jenes Unentfernbare zu verändern und so zu erfahren, welchen Einfluß es auf die vorliegende Erscheinung ausübe. Wenn also in der Erscheinung A B C D dem A schlechterdings nicht anders beizukommen ist, als daß man es vermehrt, etwa verdoppelt, oder vermindert, etwa halbiert, und unter den Wirkungen a b c d tritt dadurch an die Stelle von a das erste Mal 2 a, das zweite Mal $\frac{1}{2}$ a, so ist der Zusammenhang zwischen A und a erwiesen. Ein solches Agens ist z. B. die Wärme, die sich nur erhöhen oder erniedrigen, nie absolut eliminieren läßt. Ferner wird die Bewegung eines Pendels verzögert durch die Reibung am Aufhängepunkt und durch den Widerstand der Luft. Ganz können diese beiden Hindernisse immer fortdauernder Schwingung nicht beseitigt, wohl aber können beide successiv vermindert werden; mit ihrer Verminderung tritt aber ebenso successiv eine längere Dauer

der Bewegung des Pendels ein; also sind diese beiden Hindernisse die Ursache des allmählichen gänzlichen Aufhörens der Schwingung, und umgekehrt würde ohne sie das Pendel ein perpetuum mobile sein.

Trotz der angeführten Regeln aber kommen wir bei der großen und verwirrenden Vielheit von Bedingungen, unter welchen jeder Vorgang in der wirklichen Welt stattfindet, und angesichts der Thatsache, daß dieselbe Wirkung verschiedene Ursachen haben kann, in vielen Fällen nicht über Wahrscheinlichkeit hinaus, die sich gewöhnlich nicht arithmetisch bestimmen, sondern deren Grad sich meist nur annäherungsweise abschätzen läßt. In diesem Fall gelangen wir höchstens zu empirisch allgemeinen Sätzen und stehen damit immer erst an der Schwelle der Gesetzmäßigkeit, welche allein Notwendigkeit und absolute Allgemeinheit — beruhend auf Kausalität und Wesensverhältnis — fordert und gibt. Ein Kriterium für das Vorhandensein ausnahmslos giltiger Gesetze ist es zuweilen, wenn sich dieselben auf möglichst einfache Ausdrücke bringen oder nach einfachen mathematischen Gesetzen und Verhältnissen näher bestimmen lassen, weshalb die quantitativ genaue Bestimmung der Vorgänge im Einzelnen, sowie der Grenzen, innerhalb deren das Gesetz noch gelten kann, nicht vernachlässigt werden darf.

## § 60. Fehler der Induktion.

Bei der Induktion hat man sich hauptsächlich vor folgenden Fehlern zu hüten, die teilweise unter sich zusammenhängen:

1. Man darf die negativen Instanzen nicht übersehen. Dagegen verfehlt man sich entweder durch Nichtbeobachtung von Fällen oder doch von wichtigen begleitenden Umständen, oder durch schlechte Beobachtung, vermöge welcher Wahrgenommenes und daraus Gefolgertes mit einander konfundiert werden. — Beispiele hiefür bieten die vielen halbwahren Sprichwörter und Redensarten (z. B. das Glück hilft den Dummen; alle Gelehrten sind unpraktisch), der Volksaberglauben u. dgl. m. Dahin gehört namentlich auch die bekannte Regel, daß sich bei Mondwechsel das Wetter ändere; dabei übersieht man, daß dasselbe ebenso oft trotz des Mondwechsels unverändert bleibt.

2. Man darf die negative Instanz und die durch Vermischung der Ursachen stattfindende Aufhebung einer Wirkung durch die Gegenwirkung einer zugleich anwesenden anderen Ursache nicht mit einander verwechseln, Umstände und wirkende Ursachen im engeren Sinn nicht zusammenwerfen und überhaupt die Vielfachheit der Ursachen nicht übersehen. Z. B. wird durch Anwendung eines Gegengiftes die tödliche Wirkung des Giftes, trotzdem aber nicht der Satz aufgehoben, daß dieses Gift für sich unbedingt tödlich sei.

3. Mit den zwei ersten Fehlerquellen fallen teilweise zusammen die Fehler der Generalisation (fallaciae fictae universalitatis). Dahin gehören allgemeine Urteile, die auf Grund einer ungenügenden enumeratio simplex, besonders häufig im gewöhnlichen Leben mit dem Anspruch, unumstößliche und allgemein giltige Gesetze zu sein, aufgestellt werden; sodann der vorschnelle Schluß: post hoc, ergo propter hoc, wenn z. B. aus der eintretenden Genesung nach Gebrauch irgend eines Wundermittels auf dieses als die Ursache derselben geschlossen wird.

Anmerkung. Zu Nr. 1 vergleiche man die treffende Äußerung Keplers: „Wenn das Raten so auf das Ja und Nein gerichtet ist, so trifft man allerwegen ungefährlich den halben Teil und fehlet auch den halben Teil. Das Treffen behält man nach der Weiber Art, das Fehlen aber vergisset man, weil es nicht Besonders ist, und damit bleibt der Astrologus in Ehren."

Bacon unterschied idola tribus und specus (die in der Natur des Menschen, der allgemeinen wie der individuellen, begründeten Fehler), idola fori (die von den Worten, der Sprache herkommenden) und die idola theatri (die aus falschen Philosophemen hergeleiteten Täuschungen des menschlichen Denkens).

## § 61. Der Analogieschluß.

Der Analogieschluß, den man schon, aber mit Unrecht, dargestellt hat als eine Kombination von Induktion und Syllogismus, so daß

$$\frac{\begin{array}{l}M \text{ ist } P\\ M \text{ ist } A\\ S \text{ ist } A\end{array}}{S \text{ ist } P,}$$

soviel sein soll als M ist P (Induktion) und A ist P (Syllogismus)
$$\frac{\text{M ist A}}{\text{A ist P,}} \qquad \frac{\text{S ist A}}{\text{S ist P,}}$$
schließt sich vielmehr eng an die Induktion an und geht, ohne den Umweg über den allgemeinen Satz zu nehmen, vom Einzelnen direkt auf ein anderes Einzelne, in der Voraussetzung, daß dasselbe, da es dem ersteren in gewisser Beziehung ähnlich sei, ihm darum auch in einer anderen Beziehung, von der man es empirisch nicht weiß, ähnlich sein werde, nach der Form:
$$\frac{\text{M ist P und ist A.}}{\text{S ist M ähnlich in A.}}$$
Also ist S M auch ähnlich in P.

Beweiskraft hat der Analogieschluß keine, wohl aber ist er, namentlich wenn zwischen den ähnlichen Eigenschaften ein Kausalitätsverhältnis vermutet werden kann, von Wert als Hilfsmittel der Beobachtung, sofern er auf die Richtung hinzeigt, in welcher der Forscher seine Untersuchungen zu führen und Hypothesen aufzustellen hat, ist somit vielfach der Anfang einer generalisierenden Induktion. Weil aber die Analogie nur zu Vermutungen berechtigt, ist sie total verschieden von der mathematischen Proportion, welche Gewißheit gibt.

Die falsche Analogie beruht entweder auf Überschätzung ihres Wertes oder auf Verkennung der trennenden und unterscheidenden Eigenschaften zweier Dinge, wie wenn man z. B. auf ein Bewohntsein des Mondes schließen wollte, weil er wie die Erde sein Licht von einem fremden Körper empfange. Richtig ist der Analogieschluß von der Familie als einer naturgemäß zusammengehörigen Anzahl von Menschen, die einer gewissen Ordnung und Leitung bedürfen, auf den Staat; aber falsch wird dieser Schluß, wenn der patriarchalische Zustand der Familie, der sich auf die Liebe der Glieder unter einander und auf die Unmündigkeit der Kinder gründet, zum Beweis für die Berechtigung oder gar Notwendigkeit einer despotischen Regierungsform benützt wird. Namentlich die Phantasie[1]) verführt leicht zu einer mißbräuchlichen Ausführung der Metaphern (Analogieen) ins Einzelnste.

---

1) Mill sagt umgekehrt: „es sei dies ein charakteristischer Fehler

## III. Anwendung des Schlusses.

### § 62. Die Hypothese.

In die Mitte zwischen Induktion und Syllogismus, gewissermaßen als Endpunkt einer noch mangelhaften Induktions- und Anfangspunkt einer deduktiven Schlußreihe, stellt sich die Hypothese, welche für eine Reihe von beobachteten Thatsachen ein Gesetz oder für eine Reihe von induktiv gefundenen Gesetzen ein oberstes allgemeines Gesetz vorläufig unbewiesen annimmt. Die Aufstellung einer Hypothese hängt zunächst ab von der richtigen Anwendung der heuristischen Methoden der Induktion und der Analogie (auch partikuläre Urteile legen häufig den Versuch nahe, sie zu allgemeinen zu erheben), ist aber schließlich doch Sache des Genies oder genialen Blicks. Die logischen Regeln beziehen sich daher nicht auf die Auffindung der Hypothese selbst, sondern einerseits nur auf den Weg, der dazu führt, und fallen hier zusammen mit der Lehre von der Induktion und Analogie, andererseits auf die Prüfung und Verwertung der Hypothese, den zweiten deduktiven Teil. Die Hypothese muß nämlich in ihre Konsequenzen entwickelt werden: jede Folge, die sich der Erfahrung gegenüber als positiv falsch herausstellt, beweist die Falschheit der Hypothese; keine einzelne wahre Folgerung dagegen ist an und für sich im stande, ihre Wahrheit darzuthun, wohl aber erhöht sie die Wahrscheinlichkeit derselben; und je mehr wahre Folgerungen sich ergeben, desto mehr hört die Hypothese auf, bloße Hypothese zu sein. Eine Hypothese, die viele Hilfshypothesen nötig hat, also nicht einfach ist, verliert an Wahrscheinlichkeit. Ganz besondere, wenngleich nicht immer absolut sichere Bestätigung erhält eine Hypothese dann, wenn sie nicht blos die bekannten Thatsachen alle erklärt, sondern zu bisher unbekannten Erscheinungen und Experimenten führt, die nun erst, nachdem sie darauf aufmerksam gemacht hat, beobachtet und angestellt werden. So ist die Un=

---

derjenigen, deren Phantasie unfruchtbar sei". Gewiß ist auch hieran etwas Richtiges.

bulationshypothese zur Erklärung über das Wesen des Lichtes durch die Interferenzerscheinungen, zu deren Beobachtung erst sie, wenigstens teilweise, geführt hat, zwar nicht erwiesen, wohl aber siegreich gegenüber der Emanationshypothese, die dieselben nicht oder doch nur schwer erklären kann. Bedenklich für jene ist nur die Notwendigkeit einer Hilfshypothese, die Annahme des Äthers. Günstig für diese letztere ist dagegen umgekehrt wieder das frühere Erscheinen des Kometen von Encke, als dasselbe nach den Gesetzen der Gravitation berechnet ist (cfr. § 59, 3). Wer eine Hypothese als falsch darthun will, hat nicht ihre Ungewißheit, sondern ihre Unmöglichkeit darzuthun. Weil keine Wissenschaft der Hypothesen entraten kann, so gibt es keine absolute Wissenschaft, und weil jede Hypothese über die Erfahrung hinausgreift in das Reich der Spekulation, so gibt es keine absolut empirische Wissenschaft. Ist die Hypothese genügend bestätigt, so wird sie zur Theorie.

## § 63. Der Beweis.

Der Beweis, welcher die materielle Wahrheit eines Satzes durch Gründe darthun soll, ist direkt, wenn er den zu erweisenden Satz (gewöhnlich durch eine längere Schlußkette) aus Prämissen ableitet, deren Wahrheit nicht mehr bezweifelt wird, entweder weil sie schon anderweitig bewiesen sind oder weil sie als Axiome keines Beweises mehr bedürfen. Der indirekte Beweis im weiteren Sinn geht aus von einem disjunktiven Urteil und erweist durch Ausschließung aller übrigen ein Glied als das richtige; im engeren Sinn sucht der indirekte, hier auch apagogische Beweis, deductio ad absurdum genannt, einen Satz durch Widerlegung seines kontradiktorischen Gegenteils zu erweisen, indem er dieses Gegenteil, als vorläufig angenommene Prämisse oder Hypothese, in seine Konsequenzen entwickelt, diese mit andern als wahr bekannten Sätzen zusammenstellt und nun, da sie auf Unmögliches führen, aus deren Falschheit modo tollente die Falschheit der Prämisse selbst und damit die Wahrheit ihres kontradiktorischen Gegenteiles, d. h. des zu beweisenden Satzes aufzeigt. Namentlich tritt der indirekte Beweis in der Form des Dilemmas auf. Beide Beweise haben dieselbe Beweiskraft, sind gleich zwingend. Dennoch aber verdient der direkte Beweis den

Vorzug vor dem indirekten Beweis im engeren Sinn, sofern hier nicht nur das Daß erwiesen wird, sondern zugleich auch ein Einblick in das Wie gewährt werden kann, wenn er genetisch ist und der Erkenntnisgrund mit dem Realgrund zusammenfällt, was ja beim indirekten Beweis nie möglich ist.

Die **Widerlegung** (refutatio) oder der **Gegenbeweis** geschieht entweder durch den Beweis des kontradiktorischen Gegenteils, fällt also dann zusammen mit dem apagogischen Beweis, oder durch Entkräftung der vom Gegner vorgebrachten Beweisgründe oder durch den Nachweis ihrer materiellen Unwahrheit. Abgeschlossen ist er erst, wenn er den Grund des gegnerischen Irrtums aufzeigt. Auf Beweis und Widerlegung beruht der **wissenschaftliche Streit**, dessen Gegenstand die wissenschaftlichen Probleme sind. Der wissenschaftliche Streit legt den Streitenden ebensowohl sittliche als logische Pflichten auf.

**Anmerkung.** Für den direkten sowohl als für den indirekten Beweis liefert die Geometrie die zahlreichsten und schönsten Beispiele. Als Beispiel für jenen möge der Beweis des Satzes dienen, daß im gleichschenkligen Dreieck die Winkel an der Basis gleich sind. Halbiert man den Winkel an der Spitze durch eine bis zur Grundlinie verlängerte Gerade, so entstehen zwei Dreiecke, die je zwei Seiten — eben diese gezogene Gerade und einen der beiden der Voraussetzung nach gleichen Schenkel — und den von diesen eingeschlossenen Winkel gleich haben, also kongruent sind. Daraus folgt die Gleichheit der beiden Winkel an der Basis. Der Beweis für die Kongruenz jener Dreiecke ergibt sich durch Aufeinanderlegen derselben mit Zuhilfenahme des Axioms, daß zwischen zwei Punkten nur eine gerade Linie — die dritte Seite — möglich ist. Dieser Beweis zeigt zugleich, wie dabei die erfindende Konstruktion (Ziehen einer Hilfslinie) thätig ist und eine Vertauschung der Probleme (Gleichheit zweier Winkel: statt dessen Kongruenz zweier Dreiecke) zur Anwendung kommt.

Der Satz, daß der Kreis nur einen Mittelpunkt habe, wird indirekt bewiesen, wie folgt: Hätte der Kreis zwei Mittelpunkte, so könnte man durch beide einen Durchmesser legen. Da nun jeder Durchmesser eines Kreises in seinem Mittelpunkt halbiert wird, so müßte diese eine Linie zwei Halbierungspunkte haben, was unmöglich ist. Aus der Unwahrheit dieser Konsequenz ergibt sich die Unwahrheit des Satzes, daß der Kreis zwei (oder mehrere) Mittelpunkte habe, daraus die Wahrheit des kontradiktorischen Gegenteils, d. i. des zu beweisenden Satzes, daß er nur einen Mittelpunkt hat.

## § 64. Beweisfehler.

Die hauptsächlichsten Beweisfehler, die, soweit sie im Schluß — syllogistischem wie induktivem — ihren Sitz haben, schon besprochen sind (§ 55, 60), sind folgende:

1. Im indirekten Beweis ist eine unvollständige Disjunktion fehlerhaft (cfr. 55, 3). Z. B.: wäre die Raumvorstellung rein aposteriorisch, so würde sich weder die apodiktische Gewißheit geometrischer Axiome und Beweise noch die durch die Naturwissenschaft bestätigte Differenz zwischen der Außenwelt wie sie ist, und wie sie uns zur Erscheinung kommt, erklären lassen; wäre sie rein apriorisch, so wäre unsere Unfreiheit den einzelnen räumlichen Anschauungen gegenüber unbegreiflich (cfr. § 9). Also muß es ein Drittes geben, und das ist die apriorische Deutung aposteriorischer Lokalzeichen.

2. In keiner der Prämissen eines Beweises darf ein Grundirrtum — πρῶτον ψεῦδος — stecken, oder: jede derselben muß material wahr sein. — So gingen z. B. anfänglich Gegner wie Freunde des Kopernikanischen Systems von der irrtümlichen Annahme aus, ein Ball, der von der Spitze des Mastbaumes eines rasch dahinfahrenden Schiffes herabfalle, komme nicht am Fuße des Mastes, sondern näher gegen das Hinterteil des Schiffes zu Boden, und bewiesen daraus für und gegen die Bewegung der Erde.

3. Keine der Prämissen darf nur bittweise angenommen werden, namentlich darf keine das zu beweisende schon voraussetzen, in ihrer Wahrheit von dem Schlußsatz abhängig oder gar mit ihm identisch sein. Verboten ist somit die petitio principii, geboten eine relative Voraussetzungslosigkeit. Dieser Fehler wird dann, wann eine Prämisse mit dem Schlußsatz identisch ist, zum Zirkelbeweis; z. B. es gibt einen Gott, denn die h. Schrift lehrt es. Was aber in der h. Schrift steht, ist wahr; denn dieselbe ist von Gott eingegeben. Wenn die Wahrheit der Prämisse bedingt ist von der des Schlußsatzes, so liegt das nicht bloß unelegante, sondern ebenfalls fehlerhafte ὕστερον πρότερον vor. Z. B. um zu beweisen, daß alle materiellen Partikeln gleich gravitieren, führt man an, daß diejenigen Körper,

welche mehr solcher Teilchen enthalten, stärker gravitieren, d. h. schwerer sind. Denn auch wenn sie räumlich kleiner sind, enthalten sie mehr Partikeln, nur stärker kondensiert, denn sonst wären sie ja nicht schwerer. Dieser letztere Grund setzt aber das zu beweisende schon voraus: schwerer sind sie, weil alle materiellen Partikeln gleich gravitieren, also die schwerere und kleinere Masse mehr Partikeln enthalten muß.

4. Eine Metabasis eis allo genos ist die qualitative Abweichung des wirklich erwiesenen Schlußsatzes von dem zu erweisenden Satze. Dieselbe ist ein spezieller Fall der unabsichtlichen ignoratio oder der absichtlichen mutatio elenchi, vor welcher man sich besonders bei der Widerlegung zu hüten hat. — Ein Beispiel einer solchen μετάβασις εἰς ἄλλο γένος ist die Entscheidung des Kyros in dem Streit zwischen den zwei Knaben, von denen der größere mit dem zu kurzen Rock dem kleineren dessen zu langen Rock wegnahm und ihm den seinigen dafür gab. Kyros sollte entscheiden, ob das recht gethan gewesen, und entschied, daß es vorteilhaft sei.

5. Das Zuwenigbeweisen ist nur dann fehlerhaft, wenn es den Anspruch erhebt, ein genügender und vollkräftiger Beweis zu sein, kann aber oft als Vorstufe des ganzen Beweises Wert haben. Zu wenig bewiesen z. B. die Stoiker, wenn sie, statt zu zeigen, daß die Tugend oder Weisheit das höchste und einzige Gut sei, nur darthaten, daß dieselbe unter allen Verhältnissen und in allen Lagen noch ein Gut sei. Das Zuvielbeweisen ist ebenfalls nur dann ein Fehler, wenn die nicht gewollten Konsequenzen des Bewiesenen der Erfahrung gegenüber zu viele sind, d. h. dieser widersprechen. Dann gilt: qui nimium probat, nihil probat. — Wenn einer z. B. das Unrecht der Sklaverei aus dem Satz beweisen wollte, daß man den Menschen unter gar keinen Umständen zu etwas zwingen dürfe, so hätte er nimium und damit nihil bewiesen, weil dadurch auch die Berechtigung des Staates und der Erziehung getroffen würde, die beide gar oft in den Fall kommen, Menschen zu etwas zu zwingen.

Nr. 4 und 5 zusammen nennt man auch Heterozetēsis (ἑτεροζήτησις), und darauf beschränkt sich gewöhnlich der Name Erschleichung oder Subreption (subreptio).

# E. Lehre vom System.

## § 65. Wesen und Arten der Systembildung.

Der Mensch hat den Trieb in sich nicht nur vieles Einzelne zu wissen, sondern auch das Gewußte übersichtlich zu ordnen und unter sich zu verbinden zu einem, zunächst wenigstens relativen Ganzen. Jede Wissenschaft oder genauer jede einzelne wissenschaftliche Disciplin ist ein solches relatives Ganzes von Erkenntnissen. Die Art ihrer Verbindung im Geiste ist abhängig von dem Zusammenhang der Dinge in der Außenwelt, den wir als wirklich vorhandenen anerkennen müssen. Das Einzelne wird unter sich zu einem System verbunden durch die Prinzipien, deren Stellung eine Verschiedenheit in der Systembildung begründet. Sind sie nämlich das letzte, zu dem man von der breiten Basis des empirisch Gegebenen suchend aufsteigt, so haben wir die regressive oder analytische Methode; sie geht aus von der Wahrnehmung und Beobachtung und steigt, natürlich unter steter Kritik und Sichtung des Beobachteten, entweder mit Hilfe der Abstraktion zu allgemeinen Begriffen und Definitionen, oder mit Hilfe der Induktion zu allgemeinen Gesetzen auf; dies ist vorwiegend die Methode der empirischen Wissenschaften, von denen die einen, wie z. B. die Botanik, hauptsächlich die Abstraktion, die anderen, z. B. die Physik, hauptsächlich die Induktion anwenden. Den umgekehrten Weg nimmt die progressive oder synthetische Methode. Sie geht aus von den induktiv gefundenen oder hypothetisch antizipierten oder axiomatisch feststehenden Definitionen und Prämissen und steigt entweder durch Klassifikation (Begriffsdivision) in kategorischen Urteilen oder durch Deduktion (Syllogismus) in hypothetischen Urteilen (freilich oft in kategorischer Form) vom Allgemeinen herab zum Besonderen, dessen Genesis sie als genetische Methode darzulegen hat. Dieser Weg ist z. B. Sache gewisser Teile der mathematischen und philosophischen Wissenschaft. Diese konstruktive Methode ist systembildend im engeren Sinn und für jede Wissenschaft, wenn sie eine gewisse relative Vollendung erreicht hat, unentbehrlich. Die wahre Methode für alle Gebiete und Kreise des Wissens ist aber die Vereinigung beider Wege, so jedoch, daß in der einen Wissenschaft je nach ihrem Stoff und der Stufe, die sie schon erreicht hat, die analytisch=heuristische, in der andern die synthetisch=konstruktive Methode vorherrscht, wodurch die eine Reihe der Wissenschaften einen mehr empirischen, die andere einen mehr spekulativen Charakter annehmen wird. Wie sich aber die einzelnen Wissenschaften in diese Reihen eingliedern und innerhalb derselben stellen, das zu bestimmen ist nicht Sache der Logik, sondern vor allem jeder Wissenschaft selbst zu überlassen.

Das Bewußtsein aber, daß die beiden Seiten nicht blos zusammengehören, sondern daß alle Wissenschaften dem einen großen Ziel, der Erkenntnis der ganzen und einen Wahrheit, freilich in unendlicher Annäherung zustreben, die Idee der Einheit des Wissens gegenüber der notwendigen Teilung und Spezialisierung der Arbeit auch auf diesem Gebiete muß die Philosophie wach und lebendig erhalten. Sie hält jeder einzelnen Wissenschaft das Ideal vor, daß alle zusammen Glieder eines Organismus werden sollen, und ist eben als Wissenschaft der Prinzipien aller einzelnen Wissenschaften (cfr. § 1) nicht blos ihrem Wesen nach, sondern auch historisch diejenige Wissenschaft, welche allen übrigen die Fackel voranträgt und sie nie stille stehen, sondern immer weiter und höher klimmen läßt zu dem freilich unerreichbaren Ziele, hinan zu dem reinen Sonnenlichte der absoluten Wahrheit.